すべてのカーブには わけがある

曲がる線路の物語

米屋こうじ
Yoneya Koji

交通新聞社新書 163

すべてのカーブにはわけがある――目次

コラム

第1章

山地を克服するために

高速で運転するためにも、経済的にも、鉄道の線路は平坦な場所に直線で敷くのが最も理想的だといえる。だが、山地が国土のおよそ75％を占める日本では、それが難しい。列島の中央部には脊梁山脈が通り、太平洋側と日本海側を結ぶ場合、多くの場所で険しい山越えが強いられる。

土木技術が発展した現代であれば、長いトンネルで一直線に山地を貫くことも可能だろう。しかし日本に多くの鉄道が敷設された明治時代〜昭和初期頃までは、長大なトンネルを掘削するのは困難だった。

一般的な鉄道は、鉄のレールの上を鉄の車輪で走るため急坂に弱い。さらに当時主力だった蒸気機関車は力が弱く、山越えに苦労した。

登山の経験があれば理解できると思うが、山道を直線的に登る〝直登〟は坂が険しい。斜面をジグザグに進むほうが、距離は長くなるが勾配は緩やかになる。いくつかの路線では、カーブの連続で勾配を緩和している。

また、グルッと一周する間に高度を稼ぐ、ループ線が採用された路線もある。

第1章では、カーブを多用しながら、あるいは山越えの術としてループ線を用いた路線を紹介し、その敷設の歴史にもふれてゆく。

大カーブの連続で勾配を緩和する磐越西線

南海電鉄高野線

大阪の繁華街〝ミナミ〟にもほど近い汐見橋駅から、高野山麓の極楽橋駅を結ぶのが南海電鉄高野線である（以下、南海高野線）。全線64・5㎞のうち、汐見橋〜岸里玉出間は汐見橋線の異名をもつ都会のローカル線、岸里玉出〜橋本間は大阪南部の通勤通学を担う主力路線、橋本〜極楽橋間は高野山への観光路線という3つの表情をもつ。このうち橋本〜極楽橋間は険しい山間部を走っている。線路は山肌を縫うように敷かれ、急勾配と急カーブが続く。

アスファルトの上をゴムタイヤで走る自動車に比べ、鉄のレール上を鉄の車輪で走る鉄道は摩擦係数が極めて小さい。このため自動車に比べると鉄道は急勾配が苦手。山岳路線ではさまざまな工夫を凝らして山越えに挑んでいる。例えば、レールとレールの間にギザ

アプト式のラックレール（右）と機関車のピニオン（左）

ギザの「ラックレール（歯軌条）」を敷設し、機関車に備えた「ピニオン（歯車）」を噛み合わせて進む「ラック式」がある。

ラック式の一種で、特に有名なのが「アプト式」だろう。スイス人技師のカール・ローマン・アプトが考案したことでその名が付いた。アプト式はラックレールを2～3枚並べて使用する。ラックの山をずらして設置して、同じ枚数を重ねたピニオンと噛み合わせる方式だ。複数ある歯のどれかが深く噛み合っているため、1列の場合よりも安全性が高いとされる。

日本では信越本線の横川～軽井沢間、66・7‰（1000m進む間に高低差66・7m上るまたは下る）の碓氷峠越えにアプト式が採用され、明治26年（1893）4月に開通した。また、大井川鐵道井川線のアプトいちしろ駅から長島ダム駅間（90‰）にも採用されている。

しかしアプト式は特殊ゆえに輸送量が小さく、信越本線のような幹線には不適当だった。信越本線横川～軽井沢間は、昭和

38年にアプト式から普通のレールと車輪で走行する「粘着式」に切り替えられアプト式は廃止された。しかし粘着式に切り替わっても、すべての列車に専用の補助機関車が必要なことから、収支が厳しいと判断。北陸新幹線が長野まで開業した平成9年に、路線そのものが廃止されてしまった。

アプト式は特殊な例であるが、粘着式で急な勾配を走る場合にも「スイッチバック式」や「ループ線」などの手段がある。ジグザグに線路を敷いて勾配を緩和し、前後に行ったり来たりしながら進むのが「スイッチバック式」。線路をらせん状に敷設して勾配を緩和するのが「ループ線」だ。ループ線に至らなくても、オメガ状に敷いたカーブの連続で勾配を緩和している路線もある。いずれにしても線路距離が延びたり、運転が煩雑だったりして時間がかかる。特殊な方法や装置に頼らずに、一般的な粘着式で急勾配を走ることができれば、それに越したことはない。

南海高野線の高野下~極楽橋間は、粘着式で敷かれた鉄道のなかでは日本有数の急勾配と急カーブの連続する路線だ。高野下駅の標高は108mで極楽橋駅は約534・9m。両駅の間10・3㎞を進むうちに、標高差427mを上る。このため高野下から極楽橋に向けて、50‰という急勾配が延々と続き、最小半径100mから100m代前半の急カーブが右に左に繰り返される。速度はほとんどの区間で時速33㎞に制限されている。さらに急カーブにより、走る車両も制限を受ける。車体長20ｍという南海電鉄の標準的な長さの車両は運転することができず、高野線には車体長17ｍ2扉（特急は1扉）の車両が限定で運用されている。難波～極楽橋間の特急「こうや」用の30000系、31000系、一般車の2000系、2300系、観光列車「天空」用に改造された2200系などは、ズームカーと呼ばれる。

左に50‰勾配標と33km/hの速度制限標が見える

ズームカーのいわれは2つあるという。一つはカメラのズームレンズからネーミングされたという説。もう一つは、航空機が離陸する際、水平飛行で加速し、一気に機首を上げて急上昇する「ズーム上昇」からきているという説だ。前者は山岳線で急勾配や急カーブに対処しながらも、平坦線では時速100㎞以上で走行する可変的な性能を、広角域から望遠域まで焦点距離を自由に変えられるズームレンズに例えたようだ。後者は高野下までの平坦線から、一気に急勾配となる走りの様子を、航空機が急上昇する動きに例えたのだろう。

さて、そんな異例ずくめの南海高野線。高野山へのアプローチとして愛される路線の歴史を辿ってみようと思う。

高野山最初の交通機関は木材を運んだ森林鉄道

高野山は今から約1200年前の弘仁7年（816）、弘法大師・空海により真言密教の道場として開山された。標高約800mの山上盆地にあり、寺院や宿坊も含め高野山の町全体が総本山、金剛峯寺の「一山境内地」となっている。ユネスコの世界遺産にも登録され、国内はもちろん海外からの参拝観光客も多い。世界がコロナ禍に見舞われた令和2年以前には、年間約170万人が訪れた。

丹生川橋梁の下には森林鉄道の廃線跡が残る

　そんな高野山へ最初に築かれた輸送機関は森林鉄道だった。木材輸送が目的で、参詣客や物資などは相変わらず人力や牛馬で運ばれた。高野山森林鉄道は九度山《くどやま》〜椎出《しいで》（現在の高野下駅付近）間の高野街道に敷設され、明治38年（1905）に開業した（開業年は諸説あり）。

　高野山周辺の山々から伐採した木材を、木馬《きんま》道《みち》で椎出の土場に集め、トロッコで九度山まで運んだという。木材は紀ノ川河岸に設けた九度山の貯木場（現・道の駅「柿の郷くどやま」付近）で筏に組まれ、和歌山方面へ流送した。

　その後、軌道は高野街道から丹生川対岸へ移設。木馬道も軌道に改築されて大正2年（1913）、九度山から高野山を越えて、現在の高野町大滝付近まで開通。その後も伐採地までの支線が追加で敷設されている（昭和34年全線廃止）。

明治時代末期からは、高野山への輸送機関として索道（ロープウェイ）が加わった。明治45年（1912）6月、高野索道会社により椎出～山上大門地区を結ぶ貨物用の高野索道が営業開始。木材や生活物資のほか、高野豆腐など特産品の搬出にも利用された（昭和35年廃止）。

高野山詣の本格的な鉄道

現在の高野線は明治26年（1893）、堺～橋本間の鉄道敷設を目指して、創業・出願した堺橋鉄道をルーツにしている。

堺橋鉄道は高野鉄道、高野登山鉄道と社名と組織の変更を重ねながら、大正4年（1915）3月に長野（現・河内長野）から紀見峠を越えて橋本まで延伸。大阪の汐見橋から高野山の麓までが結ばれ、同年4月に大阪高野鉄道と改称した。

高野線が橋本まで開通する前は、難波～和歌山間を南海鉄道、和歌山～橋本間を官営鉄道（鉄道院）に乗り継いで約4時間。または湊町から高田経由で約2時間40分を要していたが、長野〜橋本間の開通により、汐見橋〜橋本間が約1時間40分に短縮された。一方で「大阪高野鉄道は橋本までの開業をみたものの、高野山頂に達する交通機関はなかった。すなわち橋本で院線和歌山線に乗りかえ、高野口下車、紀ノ川を渡って高野登山口にとりつくのが一般的だった」（『南海電気鉄道百年史』より）とあり、引き続き高野山への鉄道敷設が望まれた。

大阪高野鉄道は橋本からの線路延長を検討するが、すでに和歌山水力電気という電力会社が敷設権を所持していた。同社は工事に着手せず延期を重ねていたため、大阪高野鉄道は敷設権の権利譲渡を画策した。しかし、誕生したばかりの大阪高野鉄道は新株の払い込みが完了しておらず、増資や起債ができなかった。このため、大阪高野鉄道の役員らにより高野大師鉄道という新会社を設立し取引を行った。こうして大正５年（１９１６）１月、会社設立を条件に権利譲渡が許可された。高野大師鉄道は第一次世界大戦による不況などで設立が遅れたが、翌年９月に創立。大正11年（１９２２）に紀ノ川橋梁の工事指名競争入札が行われ、翌年２月に着工した。

南海鉄道と合併、険しい山岳地帯へ延伸

谷間を縫うように急カーブが続く

これら高野線延伸の流れに反応したのが、現在の南海本線などを経営する南海鉄道。「過去には、難波発五条行（和歌山市経由・紀和鉄道）を走らせ、高野登山や粉河寺参詣客の輸送に力を注いだ（中略）大阪高野鉄道の橋本までの延長により、一変して強力な競争会社となった」「阪南交通の交通機関の統一の意味からも、早急に同社を合併すべく機会をうかがっていた」（『南海電気鉄道百年史』より）。

大正11年、交渉は対等合併することで意見一致し、大阪高野鉄道は高野大師鉄道とともに南海鉄道へ合併。すでに着工していた紀ノ川橋梁の工事を含め、橋本

以南の工事が南海鉄道により継承された。大正13年（１９２４）11月に橋本〜学文路《かむろ》間、同年12月には学文路〜九度山間が開業。大正14年（１９２５）７月に椎出（同年９月に高野下へ改称）まで延伸した。さらに椎出から高野山への延伸を目指し、子会社の高野山電気鉄道が同年３月に設立される。

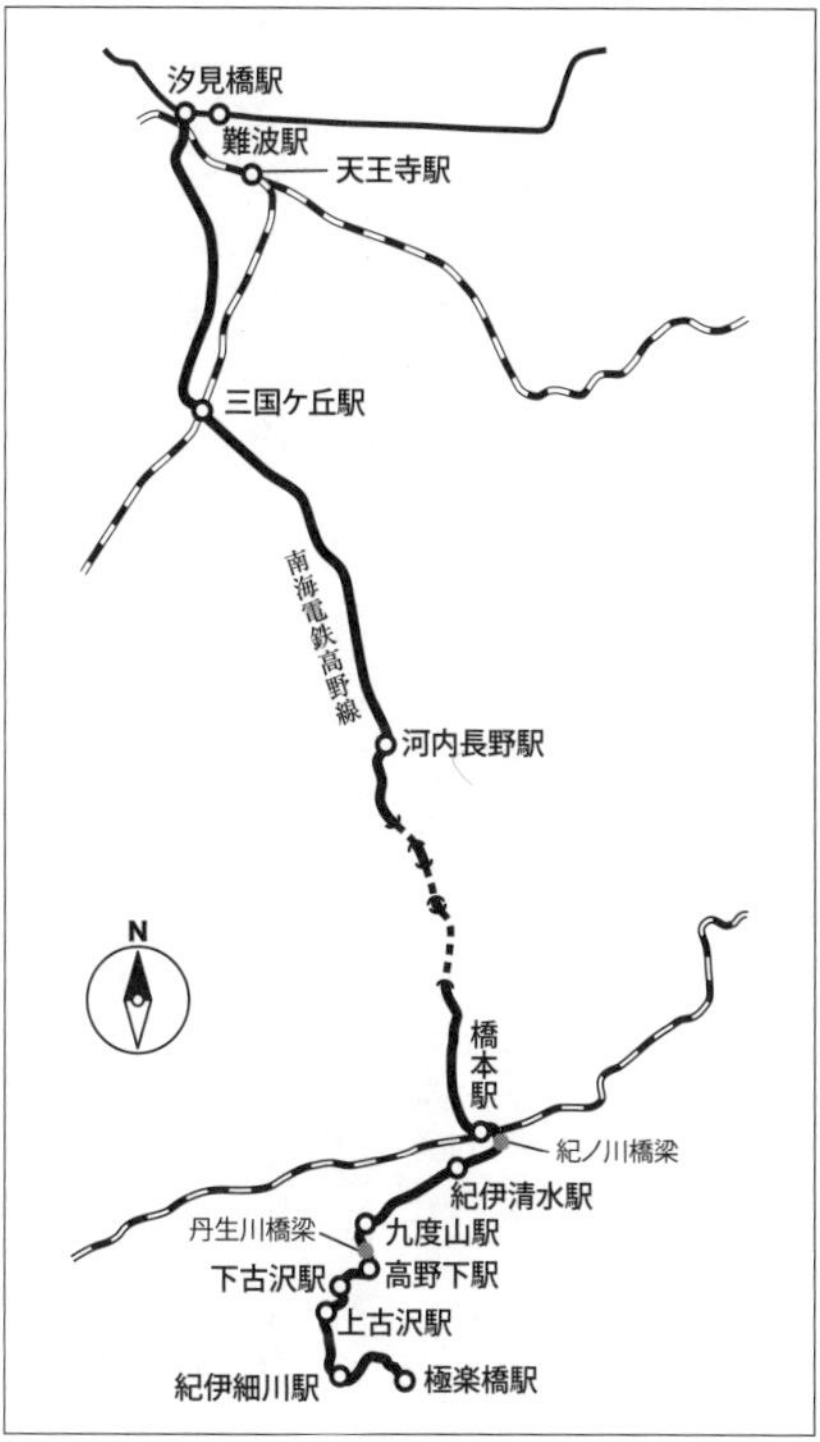

この区間はしばらく未着工のまま権利を失い、もとの和歌山水力電気へ返還せざるを得ない状況だった。しかし、和歌山水力電気は京阪電鉄に吸収合併されたため、高野山電気鉄道は京阪電鉄と協議のうえ、同年７月に鉄道敷設権譲受が許可さ

れている。

「この地域は名だたる山岳地帯で、工事は難渋をきわめた。山ひだを縫うように建設された路線は五〇‰の勾配が連続、急曲線の数も七〇を越え、そのうち六〇%が半径一〇〇メートルという規模であった」（『南海電気鉄道百年史』より）。

資材運搬に森林鉄道を活用しながらも、工期は日数を要した。昭和3年6月に神谷（現・紀伊神谷）、昭和4年2月には極楽橋までの全線が開通。さらに金剛峯寺の山上に至るには、一般鉄道では勾配の限界を越えてしまうため、ケーブルカーが建設された。正式名称は南海鋼索線で昭和5年6月に開通した。ケーブルカーの極楽橋駅は標高539mで、高野山駅は標高867m。駅間830mの間に標高差328mを移動する。

最急勾配は563‰と普通鉄道ではあり得ない数値だ。急斜面を直登するケーブルカーにはR360程度のカーブはあるが、谷あいの地形に沿ってR100の急カーブが連続する高野線とは対照的だ。

ＪＲ宗谷本線

旭川駅から宗谷本線の特急「サロベツ」に揺られて約20分。車窓風景は屯田兵によって切り拓かれた農地から、木々が生い茂る山間部へと表情が変わる。列車が塩狩峠越えの区間に入ったのだ。急な勾配に奮闘するディーゼルエンジンが唸りをあげ、ブルブルと振動が床下から伝わってくる。

北海道の鉄道で「峠」といえば、その代表格は根室本線落合～新得間の狩勝峠だろう。かつては日本三大車窓の一つに数えられたほど、雄大な風景が車窓に広がった。

狩勝峠の線路は、昭和41年９月に新線へ切り替えられた。かつての景観は失われたが、新線においても勾配を緩和する馬蹄形の大カーブがダイナミックな風景を生み出している。

塩狩駅にある「長野正雄氏殉職の地」モニュメント

また、石北本線生田原〜西留辺蘂間の常紋峠も、線路建設にまつわる哀しい歴史から、その存在を知る人が多い。昨今では峠へ至るS字カーブが、北見地方のタマネギを輸送する貨物列車の撮影ポイントとして、訪れるファンに愛されている。

そんな名にし負う北海道の峠のなかで、比較的穏やかな塩狩峠を有名にしているのは、三浦綾子の小説『塩狩峠』の舞台になったからだろう。筆者がこの小説を初めて読んだのは、中一の夏休みだったと記憶する。

峠の途中で、主人公の永野信夫が乗る客車の連結器が突然外れ、客車が後退をはじめる。永野はデッキにある手ブレーキを操作するが、減速はするものの完全には停止しない。そうするうちに急勾配と急カーブが迫ってくる。鉄道員であり、熱心なキリスト教徒だった永野は、乗客を助けようと自らの身を投げ、列車は停まった……。多感な年齢ゆえ、物語の展開に心をえぐられるほどの衝撃を受けたのは言うまでもない。

この小説は明治42年（1909）2月、実際に塩狩峠で起きた事故をもとにしている。実在する鉄道員の長野政雄が、主人公・永野信夫のモデルだ。

筆者は幾度となくこの峠を訪ねてきたが、小説の描写に違和感を感じたことがある。それは主人公の永野が乗った列車の進行方向についてだ。小説のなかで、塩狩峠の線路についていくつかの描写がある。「汽車は大きくカーブを曲がった。ほとんど直角とも思えるカーブである。そんなカーブがここまですでにいくつかあった」（『塩狩峠』より）という描写もその一つ。

これを読み、主人公の永野は蘭留駅から塩狩駅（当時は信号場）に向かう下り列車に乗った、とばかり思っていた。しかし小説を読み返すと、乗ったのは上り列車で名寄から旭川へ向かっていたのである。では、なぜ勘違いしたのだろうか？　それは塩狩峠の蘭留側と和寒側では、カーブの様子が違っているからだ。

塩狩峠越えの区間は、宗谷本線の蘭留駅から塩狩駅を経て和寒駅までの間となる。塩狩

稚内行きの特急列車が軽やかに通過する

駅構内を蘭留寄りに出た場所に峠のサミット（頂上）があり、南は蘭留駅、北は和寒駅の双方から上り勾配が続く。これを〝拝み勾配〟という。

実際に乗車してみて感じるのは、塩狩から蘭留側では急カーブが連続しているのに対し、和寒側はカーブが緩くどちらかといえば直線が多いというイメージだ。

カーブが連続する様子を想像すると、どうしても蘭留側を思い浮かべてしまうが、さらに、数字をもとにして、蘭留側と和寒側の違いを比較してみようと思う。

峠の南北でカーブの異なる塩狩峠の風景

塩狩駅の標高は255・5mである。これを塩狩峠のサミットとし、蘭留駅（標高184・7m）、和寒駅（標高140・5m）との駅間距離、標高差、カーブ数、最小R（カーブ半径）、最急勾配を（**表1**）に示した。

数字だけを見ると、標高差こそ和寒側の方が大きいが、カーブ数、最急勾配はどちらの斜面も大差ないように思える。しかし問題なのはカーブの内容だ（**表2**参照）。

蘭留側にはR250以下の急カーブが5カ所も存在している。2つの表を比較すると、蘭留側は和寒側より2・5km短いなかに、急カーブがギュッと連続しているのが見えてくる。加えて、小説中の「ほとんど直角とも思えるカーブ」は、和寒寄りには見当たらないが、蘭留寄りには存在している。旭川起点26km付近に、R315のカーブが500mほど続

表1

	駅間距離（km）	標高差（m）	カーブ数	最小R（m）	最急勾配（‰）
蘭留～塩狩	5.4	70.8	8	195	20
塩狩～和寒	7.9	115	8	291	20

表2

	R250以下	R251~400	R401以上
蘭留～塩狩	5	2	1
塩狩～和寒	0	2	6

き、線路がほぼ直角に方向を変えるのだ。

小説の描写から想像するカーブの風景は蘭留側の方がよりシックリとくるが、決して異を唱えるつもりはない。せいぜい心のなかで違和感を楽しむことにしよう。

続いて、塩狩峠を含む宗谷本線がどのように敷設されていったのか、敷設までの経緯から全通するまでの歴史を辿ってみようと思う。

鉄道敷設法から除外された北海道の予定7路線

北海道の本格的な鉄道は、明治13年（1880）11月、官営幌内鉄道が手宮と札幌の間に開通したのがはじまり。これは幌内の石炭を小樽港へ運ぶのが目的で、明治15年（1882）11月、炭鉱のある幌内まで全通した。開拓使長官の黒田清隆は幌内鉄道起工のときから、将来これを延長して全道に鉄道を建設する構想をもっていたという。その後、北海道の行政が三県一局制を経て北海道庁へ引き継がれても、行政の長たちは石炭輸送とあわせて北海道の開拓や防衛に鉄道が不可欠と考えていた。

中央政界においては、明治25年（1892）、帝国議会に鉄道敷設法案が提出される。

国が敷設すべき鉄道路線を定めるもので、北海道の予定7路線に上川（旭川）～稚内間が記された。ところが本会議で、北海道の路線に対し「調査が不十分で粗忽なもの」との意見が噴出。財政難も影響し、法案から北海道の予定線が丸ごと削除されてしまった。北海道の路線が除外されたまま、同年6月に鉄道敷設法が可決・公布された。

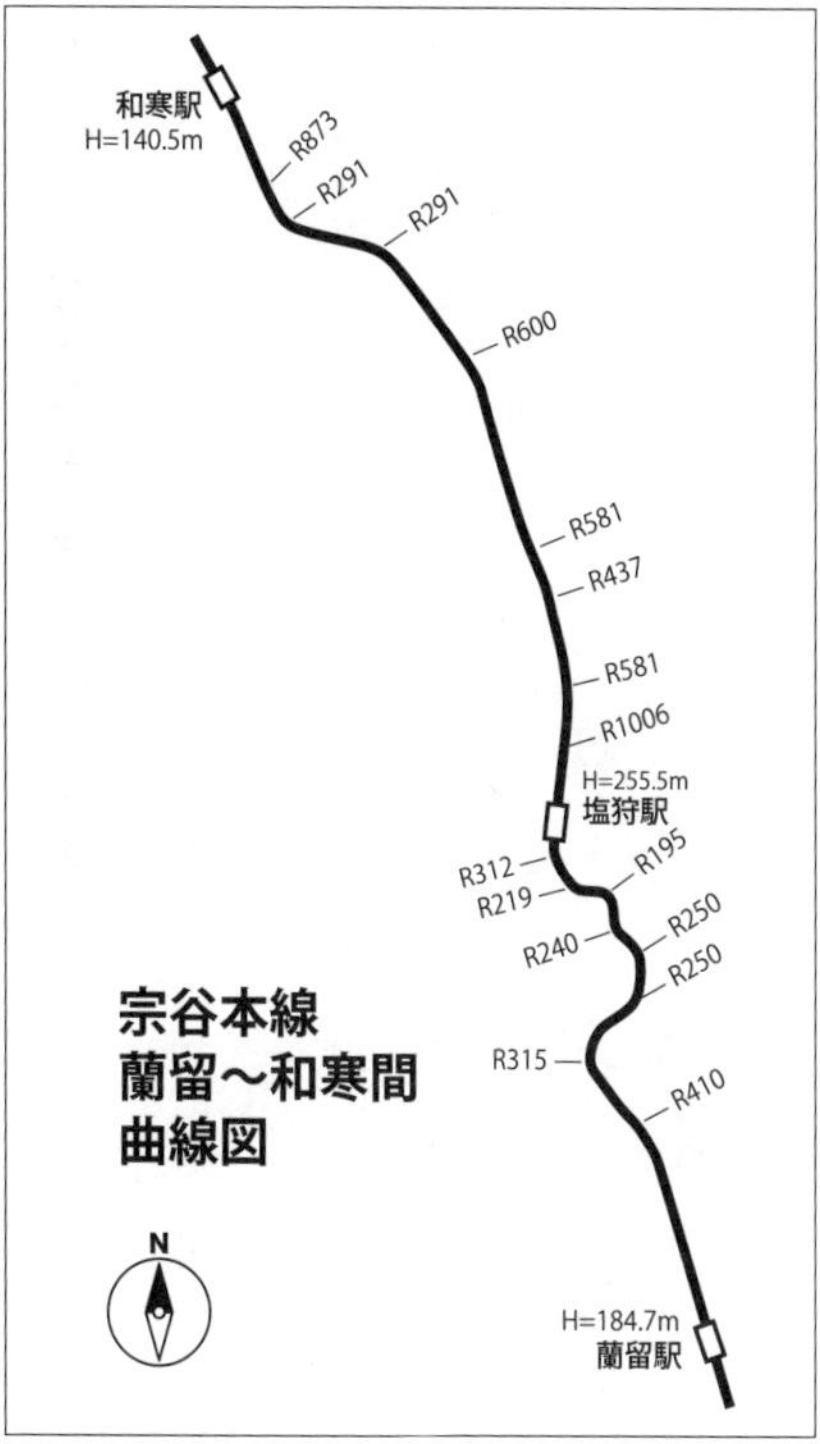

天塩線として着工、最北を目指す

鉄道敷設法から除外されたとはいえ、屯田兵による入植者が増加するなかで、道内では鉄道の需要が高まっていた。

民営鉄道会社の設立請願もあるなか、明治29年（1896）2月、貴族院の近衛篤麿《このえあつまろ》が中心となり提出した「北海道鉄道敷設法案」が可決し、同年5月に公布された。予定線に「石狩国旭川ヨリ北見国宗谷ニ至ル鉄道」が明記される。

線路説明によると、「旭川ニ起リ永山村ヲ経テ石狩川ヲ渡リ「ピップ」原野ヲ横断シテ、石狩、天塩ノ国境ニ於テ隧道ヲ穿ツ（後略）」（『北海道鉄道百年史』より）とある。

当初の予定では、塩狩峠にもトンネル建設が予定されたようだが、今日まで塩狩峠には鉄道トンネルが建設されたことがない。トンネルを掘削するよりも、山ひだを縫って線路を敷設した方が簡単だったのだろう。もしトンネル掘削による別ルートが採用されていれば、小説『塩狩峠』は誕生しなかったかもしれない。

北海道鉄道敷設法を受けて、明治30年（1897）6月、天塩線の名称（明治42年（1909）正式決定）で旭川から名寄へ向けて着工。工事は順調に進み、明治33年

(１９００) 12月に士別まで、明治36年 (１９０３) 9月には名寄まで開通した。「開業の日は臨時列車も運行された。大通り二丁目の祝賀会場に百名余りの出席者が集まり (中略) 開村以来のにぎやかさであったという」(『名寄市史』より)。

天塩線が名寄まで開通した頃、日露戦争が勃発し、国は膨らむ戦費により財政難に陥っていた。加えて、深川〜留萌間、池田〜網走間などの工事が優先されたため、名寄以北は6年後の明治42年9月まで着工を待つこととなる。名寄〜音威子府間は比較的平坦で、大正元年 (１９１２) 11月には開通するが、この区間の建設工事にタコ部屋労働が行われた記録がある。「どこのタコ部屋も現在の民主主義社会では想像もつきかねる非人道的待遇や取り扱いをうけており、各地に残酷物語が残っているようである」(『音威子府村史』より)。また「馬の如く酷使され、モッコをかつぐ肩には穴があき (中略) 逃亡したものはつかまえて棒頭が見せしめのせっかんをする。その状況は筆舌で表すことはできない」という古老の話が『美深町史』に記載されている。

タコ部屋労働は、同時代に北海道の道路建設で行われた囚人労働と混同されることがあるが、タコは「他雇」とも書き、ほかの土地から雇用されてきた人たちのことを指す。石北本線の常紋トンネル (生田原〜西留辺蘂間) の敷設工事でも、凄惨なタコ部屋労働があったことは有名だ。彼の地の『新留辺蘂町史』には「周旋業者の甘言に釣られて来道した本州方面からの失業者が多かったが、あまりの過酷な労働に耐えられず〝脱走〟を試みる者も多かった。しかし、大半は目的を果たし得ず看視の目に阻まれて連れ戻されリンチを加えられて〝見せしめ〟とされた」との記載がある。

音威子府の真覚寺に立つ工事殉難者の慰霊碑

今日、赤字により線路の存廃が取りざたされる北海道の鉄道路線のなかには、名も無き人々の多大な犠牲が払われて建設された路線もあることを忘れないようにしたい。

2つに分かれた稚内へのルート

音威子府以北は天塩川沿いに、サロベツ原野を北上する日本海側のルート（現・宗谷本線）となる予定だった。しかし着工間際になって、浜頓別を経由するオホーツク海側ルート案がにわかに浮上した。

決定の経緯について『名寄市史』には「検討の結果、天塩川には水運の便があるが、オホーツク海岸へは効果的な輸送手段を欠いているので（中略）後者に決まったとされている。しかし、実際には前者（現宗谷本線）の沿線には、多くの御料小作人、単独移住者が住んでいたのに対し、後者の宗谷線（のちの天北線）には、移住者が少なく、代議士や大会社の未開牧場だけで、鉄道の必要はむしろ天塩線にあった」と記載がある。また『音威子府村史』には「鉱区権や森林所有権を有する大資本団の力と政治の派閥争いもからみ、急きょ頓別回りに変更された」と記されている。大人の事情によって距離が長く遠回りなオホーツク海岸へ大きく曲げられたカーブの一例といえるのではないだろうか。

明治45年（１９１２）5月、オホーツク海沿いルートが起工。徐々に開通区間を延ばしながら、大正11年（１９２２）11月に稚内（現・南稚内）まで開通した。その間、旭川～

ありし日の天北線を走る急行「天北」（昭和63年）

稚内の路線名を宗谷線に改称。全通後は宗谷本線に再改称されている。一方、急なルート変更により失望した天塩線沿線の人々は「死活問題であるとして請願運動を展開した」（『名寄市史』より）。

　多数の陳情が功を奏して、天塩線ルートは軽便線としての敷設が決定。大正5年（1916）音威子府～誉平《ぽんぴら》（現・天塩中川）間から着工された。特に難工事となったのは、天塩川右岸の狭隘な地形に敷かれた音威子府～神路（信号場を経て昭和60年に廃止）間。絶壁の岩山を掘り崩す難工事の箇所が多くタコ部屋も設けられたという。わずか32㎞に7年を費やす難工事の末、大正11年9月に、音威子府～誉平間が開通した。その後も天塩南線・北線に分かれ建設が進められ、大正13年（１９２４）６月に全通。天塩線は先に開通したオホーツク海沿いルートより21・６㎞短かったため、昭和５年には宗谷本線に編入された。従来のオホーツク海沿いルートは北見線へ改称。後の昭和36年に天北線となり、赤字のため平成元年に廃止されている。

大正12年（１９２３）５月、ポーツマス条約により日本領となった南樺太の大泊（コルサコフ）と稚内を結ぶ稚泊連絡船が就航した。これを受けて、連絡船乗り換えの利便性改善を目的に、昭和３年、稚内〜稚内港間が延伸されている。昭和14年には稚内が南稚内に、稚内港が稚内に改称。陸海連絡でにぎわったが、昭和20年８月の敗戦により稚泊連絡船は休止、稚内は日本最北端の駅となり今日に至っている。

ＪＲ磐越西線

会津地方の中心をなす会津若松は、福島県下でも主要な都市の一つ。新幹線の通る郡山、あるいは新潟方面から、会津若松へのアクセス路線となるのが磐越西線だ。

東北地方の鉄道は南北に縦貫する東北、奥羽、羽越という3本の幹線と、幹線を結んで東西に横断する路線がある。『ＪＲ時刻表』の「さくいん地図」のページを開くと、東西に横断する路線のほとんどは青いラインの「地方交通線」なのに対し、磐越西線は「幹線」を示す黒いラインで表されている。東北地方で幹線扱いの横断路線は、磐越西線のほか、宮城と山形の県都（仙台と山形）を結ぶ仙山線しかない。そんな磐越西線で特徴的なカーブが存在するのは、郡山～会津若松の間。地図を広げると、猪苗代湖北西の翁島から磐梯町、東長原、広田にかけて、カーブの連続が見られる。線路が大きなシュプールを描いているようだ。「幹線」である磐越西線が、わざわざ遠回りするカーブ線路を敷設したのはなぜだろうか。

見た目以上の山岳路線

カーブの理由を知るために、郡山〜会津若松間の列車に乗車した。郡山駅から北を向いて出発した列車は、東北本線から離れると進路を西寄りへ変える。平成29年に開業したばかりの郡山富田駅で多くの学生が下車すると、喜久田、安子ケ島を経て磐梯熱海駅に到着。五百川の流れが奥羽山脈にぶつかり、谷が狭まった場所に磐梯熱海の温泉街が形成されている。鎌倉時代、伊豆の国出身の領主・伊東祐長が、郷里を思って「熱海」の地名を授けたという。

磐梯熱海駅から先は勾配が急になる。線路は斜面の中腹を這い上がるようにして、最急25‰という急勾配を上る。一瞬、車窓左手の眼下に「きゅうなかやまじゅく」の駅名標が見えてくる。中山宿駅の跡である。線路が敷かれた明治時代、急坂の途中に駅を設けると、非力な蒸気機関車では停車した列車を引き出すことが不可能だった。そのため平らな場所

中山宿駅にあったスイッチバック（昭和58年）

に駅を設け、行き止まりの線路を引き込んだ。列車が本線と駅をジグザグに前後して進む「スイッチバック」方式が採用されたのだ。

現代では車両性能が進化し、勾配途中に駅を設けることが可能となった。中山宿駅は800mほど西へ移転し、時間のかかるスイッチバックは廃止。旧駅のホームは観光用に整備されている。

中山宿を過ぎると谷はさらに狭まり、鬱蒼とした森に包まれる。やがて中山峠に穿たれた沼上トンネル（全長935m）に入り峠を越える。トンネルの出口地点にある沼上信号場は標高515・9m。郡山駅の標高が226・5mだから、300m近くも上ったことになる。

沼上信号場からは車窓右手に水田が広がり、

高原状の平坦な地形になって、上戸を過ぎると、日本第4位の広さを誇る猪苗代湖が車窓左手に一瞬だけ見える。

次の川桁駅からは、この駅を起点に硫黄鉱山のある沼尻まで15・6㎞を結ぶ軽便鉄道が北へ延びていた。会社名は「磐梯急行電鉄」（昭和44年3月廃止）。しかし、電鉄とは名ばかりで、実体は非電化単線の軽便鉄道だった。「沼尻鉄道」の愛称で親しまれ、岡本敦郎の『高原列車は行く』のモチーフにもなった。

川桁から猪苗代、翁島と、線路の両側に水田が広がる。緑色の絨毯の向こうには、民謡で「宝の山」と唄われる磐梯山が雄々しくそびえ立っている。車窓に広がる高原の景色だけを見れば、郡山から険しい山間を上ってきたことを忘れそうになる。

翁島から先は、いよいよ問題のカーブ区間。翁島から少し進むとまず左にカーブを描き、それがいつしか大きな右カーブに変わる。カーブ半径は400m。更科信号場を経て列車の進行方向が180度近く方角を変える。車窓左手に会津盆地を眺めると左カーブへ。磐梯山の姿が車窓の右から左へ忙しく変わる。

	標高（m）
郡山駅	226.5
沼上信号場	515.9
猪苗代駅	519.1
翁島駅	530.7
磐梯町駅	395.5
広田駅	220.4
会津若松駅	213.3

勾配は25‰と急峻だ。磐梯町を出るとカーブ半径は300mになり、右へ左へとカーブを繰り返しながら、会津盆地まで下るのである。翁島駅の標高は530・7m、会津若松の一駅手前の広田駅の標高は220・4m。標高差はおよそ310mある。両駅の直線距離は約10・6㎞で、仮に何の障害もなく両駅間を直線的に線路が敷けたら、平均勾配は約29‰にもなる。これに対し、磐越西線の線路は倍近い19㎞を走る。計算上の平均勾配は16・3‰で、勾配の違いはハッキリしてくる。翁島から会津若松へかけての特徴的なカーブが存在する理由は、勾配を緩和するのが目的だったのだ。

鉄道が勾配を緩和するための手段はいくつかある。谷の狭い郡山側は鬱蒼とした山間に数本のトンネルを穿ち、中山宿駅にスイッチバックを設けた。これに対し、高原状に開けた会津若松側にはトンネルが無く、大カーブの連続で勾配を緩和する手段が採用されている。磐越西線の郡山~会津若松間の列車に乗れば、勾配を緩和する手段の違いを体感できる。

オメガカーブに内包するWカーブの跡

翁島駅から磐梯町駅にかけた区間には廃線遺構がある。翁島から進むと大きなオメガ

線路改良で廃止となった区間の廃線跡が残る

勾配を緩和するカーブが連続する。更科信号場〜磐梯町間

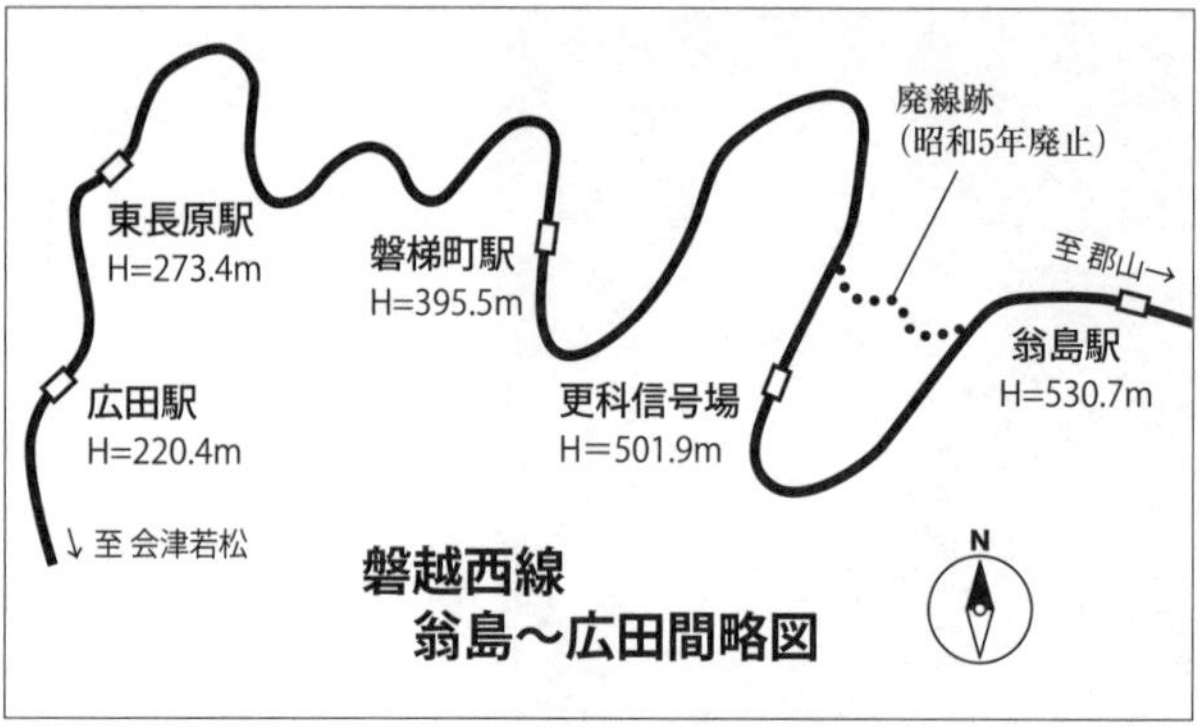

カーブをショートカットするように、Wの形に蛇行する廃線跡が存在している。これは磐越西線の前身にあたる民営の「岩越鉄道」が最初に敷設した線路の跡で、明治32年（1899）7月、会津若松（当時は若松）までの延伸の際に敷設された線路だ。この線路は勾配の緩和がままならなかったようだ。後に現在の更科信号場を通る大カーブに付け替えられている。

切換時期の文献は見当たらないが、宮脇俊三編著の『鉄道廃線跡を歩く』（JTBキャンブックス）の記事では、「昭和5年（1930）3月号の時刻表によると、翁島〜大寺（現・磐梯町）間は5・3哩（約8・6km）。ところが翌4月号（4月1日訂補）では駅間は10・1kmになっている」とあり、新線切換の時期を昭和5年4月1日としている。

90年以上も前に廃止になった線路跡は、森の中に刻まれた緩やかなカーブがハッキリと残されている。新線切換のときはすでに国有化されていたが、明治時代に当地に鉄道を敷設した「岩越鉄道」とはどのような会社だったのか、その歴史を辿ってみようと思う。

官設での敷設を請願

福島県は東から西に、浜通り、中通り、会津と3つの地方に分けられる。このうち鉄道が最初に通ったのは中通り地方。馬車鉄道を除く日本初の民営鉄道会社である日本鉄道が、東京から青森を結ぶ路線（現・東北本線）として敷設した。

明治20年（1887）7月に栃木県の黒磯から郡山に達し、同年12月には福島、仙台を経て塩竃（後の塩釜線塩釜埠頭駅で平成9年廃止）に延伸した。日本鉄道は営業成績が好調で、明治20年代には、全国に私設鉄道起業ブームが起きた。「交通運輸の不便な会津地方に、鉄道を敷設しようという地元民の悲願は、こうした気運のなかに芽生え、発展して行くのである」（『会津若松市史』より）。

会津では、日本鉄道が郡山への延伸を目前とした明治19年（1886）、私設鉄道建設の請願が出され、翌年には郡山〜会津若松間を結ぶ馬車鉄道の敷設計画が持ち上がる。さらに、明治21年（1888）には民営の「岩越鉄道会社」を創立する動きがあった。現在の磐越西線のルートに近く、郡山から会津若松、津川を経て新潟港を結ぶものだった。

岩越鉄道会社の創立は実らなかったが、明治23年（1890）の第一回帝国議会開会に合わせ、私設から官設での敷設請願運動へと変わってゆく。明治24年（1891）4月には、会津の一市五郡により岩越鉄道期成会が結成。第二回と第三回帝国議会では、国が敷設すべき鉄道路線を定めた「鉄道敷設法」の審議がなされ、岩越鉄道敷設の請願運動が熱心に行われた。

政府は国防上の理由もあり、東京と新潟を結ぶ鉄道が必要だと考え、その後開通する上越線や信越本線などと候補路線として比較される。岩越鉄道は、陸軍師団のある仙台にも近く、地勢的にも敷設が容易という理由で有力視されていた。ところが蓋を開けてみて状況が一変した。明治25年（1892）6月、鉄道敷設法が公布。岩越鉄道は「北越線及奥羽線ノ連絡線」とされ「新潟県下新発田ヨリ山形県下米沢ニ至ル鉄道若ハ新潟県下新津ヨリ福島県下若松ヲ経テ白河、本宮近傍ニ至ル鉄道」と明示。着工順位も、直ちに建設すべき第一期線ではなく、不急の第二期線に入れられてしまう。

結果に落胆した会津では、第一期線へ昇格するよう様々な手を尽くし、強力な運動を展開するも、審議を進めていた第五回帝国議会が明治26年（１８９３）12月に解散。第一期線昇格の夢は実を結ばなかった。

民営での敷設へ方針変更

官設での鉄道敷設が行き詰まりを見せると「官設鉄道を待つより私設のほうが早くできる」という私設案が再燃した。これを推し進めたのが福島県知事の日下義雄だった。日下は明治27年（１８９４）秋から翌年春にかけて、沿線の有力者と懇談。日本鉄道の設立に関わった渋沢栄一に会い、鉄道の私設について意見を聞くなどし、精力的に動いた。

ちょうど同じ時期、明治27年5月に、東京の資本家らが、新潟に「新潟鉄道株式会社」の設立願書を提出。福島県としては「先を越されてはならない」と、あとを追うようにして岩越鉄道株式会社創立願書を逓信大臣に提出した。同年6月には創立事務所を東京に設置、鉄道用地買収に関する規約を定めるなど、具体的な準備を整えていった。明治28年（１８９５）の春には、会津の代表者らが上京。逓信大臣、鉄道会議議員、日本鉄道取締役などと面談。「さらに日下義雄は、この頃三菱の岩崎弥之助や、十五銀行重役などと面会し、日本鉄道会社の援助を要請している」(『会津若松市史』より)。

岩越鉄道は、同年の5月末から8月末にかけて株式募集を行い、約600万円の株金を集めた。10月には起業目論見書と仮定款を改め、渋沢栄一ほか325名の発起人を追願。明治29年(1896)1月、仮免状が下付された。同年2月に日本鉄道社内の一室に創立準備のための事務所を設け、4月には実地測量を開始。8月に創業総会を開催して、明治30年(1897)5月、ついに本免許状が下付された。

東京~新潟を結ぶ最短ルートとなる

起工式は明治30年11月に郡山で行われ、壺楊(現・上戸駅付近)までの工事が直ちに実施された。当時は血気盛んな労働者たちを治めるのに苦慮した逸話を、同年12月21日の福島の地元紙が報じている。

「積雪三尺乃至五尺あり岩越線中難場と伝はるる山潟隧道工事のため人夫数千人入込み同地駐在巡査一人にては取締りに困難なる故猪苗代分署より二、三名贈遣ありたしと希望

上野～会津若松を結んだ特急「あいづ」(昭和58年)

し居れり」(『猪苗代町史』より)。

こうして人力により工事が進められ、明治31年(1898)7月、郡山～中山宿間が開通。磐梯熱海から先の五百川の谷あいを縫うように敷かれた線路は急勾配となり、中山宿駅はスイッチバックの構造となった。翌年3月には山潟(現・上戸)まで延伸。上戸から若松方面には猪苗代湖の汽船が利用された。そして同年7月、岩越鉄道は若松(現・会津若松)まで開通。翁島～広田間はカーブの連続で、前途のように長く続く急勾配を緩和する線形となった。

岩越鉄道は明治39年(1906)に喜多方まで延伸され、同時に国有化。明治42年(1909)には国有鉄道線路名称制定により、鉄道院の岩越線となった。その後も阿賀野川沿いに延伸を重ね、大正3年（1914）11月、新津から延びてきた信越本線の支線と結ばれ全通。東京～新潟を結ぶ最短ルートとなり、直通列車2往復が運行開始された。大正6年（1917）には、常磐線の平（現・いわき）から郡山までの平郡線が開通。これを受け、郡山を境に平郡線を「磐越東線」、岩越線を「磐越西線」と改称。昭和6年に上越線が開通すると、東京と新潟を結ぶ最短ルートの役割を譲ったが、その後も会津地方への主要な路線として利用された。

昭和30年代には、上野～会津若松・喜多方間に急行「ばんだい」や準急「ひばら」が運転開始。昭和43年10月のいわゆる〝ヨンサントオ〟の白紙ダイヤ改正では、特急「あいづ」が誕生する。「あいづ」は東北新幹線開業後も上野～会津若松間の運行を継続したが、平成5年11月30日を最後に、上野～郡山間が廃止された。現在「あいづ」の愛称名は郡山～会津若松間の快速列車に受け継がれている。

四方を山に囲まれた会津への主要な交通路として活躍する磐越西線。一見遠回りに見えるカーブの連続は、「急がば回れ」のことわざ通り、安全運行に不可欠なものなのだ。

ＪＲ上越線

ＪＲ時刻表の「さくいん地図（関東・甲信越地方）」のページを開くと、見開きの中央部付近に、路線がクルリと輪を描いているのを見つけることができる。輪は２つあるが、いずれも上越線で湯檜曽～土合間と土樽～越後中里間の２カ所だ。

同様の輪は、上越線のほか全国にあと３つ存在する。北陸本線の新疋田～敦賀間、土佐くろしお鉄道の若井～荷稲間、肥薩線の大畑～矢岳間だ。これらの輪は勾配緩和を目的に設計された〝ループ線〟を表している。勾配区間で線路をらせん状に敷き、線路の距離を引き延ばすことで直線よりも勾配を緩やかにする方式である。ここでは上越線を例に、カーブ路線としてはまれなループ線を採り上げようと思う。ループ線設置に至った経緯を、上越線建設の歴史を繙きながら探ってみよう。

湯桧曽駅ホームからループ線上段の列車を見る

着工まで苦難の連続

川端康成の『雪国』の冒頭にある「国境の長いトンネル」とは、上越線の土合～土樽間にある清水トンネルのことだ。

昭和6年9月1日、清水トンネルが開通し上越線が全通した。後に『雪国』として刊行される一連の小説は、昭和10年が初出という。関東平野から続いた冬晴れが、清水トンネルを境に雪景色に変わる感動を、川端康成はいち早く体感し描写したのだろう。

首都圏と新潟を結ぶ鉄道路線は、高崎から長野、直江津、長岡を経由する、後の信越本線となるルートが明治37年（1904）に開通。また、現在の東北本線、磐越西線経由のルートも大正3年（1914）に開通した。しかしどちらのルートも遠回りで、東京～新潟間の所要時間は、信越本線の長野経由で約11時間半、磐越西線の郡山経由で約10時間を要した。これを短縮する上越線の鉄道計画は、明治時代初頭からあったといわれる。だが実際に動き出したのは、日本鉄道の高崎～前橋間が明治17年（1884）に開通した後のことで、明治20年代になってからだった。

「明治二十年の頃、越後南魚沼郡石打村の人岡村貢（中略）、前橋市高橋周禎等の首唱にて上越鉄道会社が組織され、前橋↑↓長岡間に鉄道を敷設しようとしたが時至らず、岡村氏の如きは為に資産を傾くるまでの努力をしたが遂に実現を見なかった」（『町誌みなかみ』より）。

その後、上越鉄道株式会社を創設し、前記の両氏も先頭に立ち運動を展開。「明治二十三年八月群馬、新潟両県有志二万人余りの連署を以て請願を為す等、必死の運動も奏効せず、幾度か失敗を重ねた」（『町誌みなかみ』より）という。

明治25年（1892）に公布された鉄道敷設法には、北越線として「新潟縣下直江津又ハ群馬縣下前橋若ハ長野縣下豊野ヨリ新潟縣下新潟及新発田ニ至ル鐵道」が明記され、前橋から沼田を経て長岡へ至るルートも調査された。しかし、すでに開通していた直江津から柏崎、長岡を経て、新津、新発田を結ぶ、現在の信越本線のルートが選定された。

さらに「明治二十九年、上越鉄道株式会社（資本金五百万円）創立の仮免許を受け、前橋より湯沢まで測量を完了着工しようとした処、明治三十三年北清事変勃発の為、又々頓挫するの已むなきに至った」と『町誌みなかみ』にあるように、上越鉄道の計画は幾度も挫折を繰り返した。

清水トンネルへ、ループ線でアプローチ

「大正六年六月十一日、鉄道院は突如、長岡・湯沢間四五哩（約七二キロメートル）の測量を開始した」（『湯沢町史』より）。日露戦争後、日本海側の主要都市である新潟と首

都圏を結ぶ鉄道は、経済、軍事上において重要性が高まっていた。既設の信越本線は、碓氷峠越えに特殊なアプト式が用いられた結果、輸送量のネックに。また岩越線（現・磐越西線）では、喜多方～山都間にある松野トンネル（全長２６４・６ｍ）で崩壊事故が発生。長期間不通となったことも上越線の建設決定に拍車をかけた。

崩壊した松野トンネルは、明治42年（１９０９）に竣工したが、あまりにも地質が悪く、工事中より抗口では二度崩壊、内部でも崩壊が発生した。このため内部の煉瓦巻きを9枚巻に増強して対処（4枚巻が標準）。それでも亀裂がおさまらず、地圧による変形が確認されていた。

「地質不良ノ為メ困難ヲ極メ出口洞門二回崩壊シ亦入口ヨリ三百五十尺附近モ崩壊シタル為メ拱部ヲ九枚巻トシテ更ニ竣工当時ニ於テ出口方面数多亀裂ヲ生シタル由ナルカ爾来《じらい》今日ニ至ル迄変状増進ヲ認メス」（『土木学会誌』第三巻第五号より）。

大正6年（１９１７）3月26日、ついに大崩落が起きてしまう。その年の冬は積雪が多く、雪どけ水が地質の悪い山体に浸透し、トンネルを押しつぶしたとされている。幸い発見が早く列車が巻き込まれることはなかったが、松野トンネルは遺棄され運転再開まで1年以上を要した。松野トンネル崩壊からわずか2カ月後に上越線の測量が開始されたのだから、かなり影響が大きかったのではないだろうか。

上越線の敷設は、明治41年（1908）から「上越鐵道敷設ニ関スル件」の請願書として、帝国議会衆議院に繰り返し提出されていた。大正8年（1919）3月の第41回議会で「院議採択スルニ決ス」として衆議院を通過。群馬県側を上越南線、新潟県側を上越北線として鉄道省直轄で着工された。

険しい山岳地形に加え、冬は豪雪への対処が必要で難工事が予想された。なかでも前代未聞の大工事になるのが、上越国境に聳え立つ谷川連峰・茂倉岳の直下を通る清水トンネルだ。山岳トンネルの掘削長を短くするには、標高の高いところに抗口を設ける必要がある。抗口として適度な場所であり、かつ登坂が可能な地点まで、どのようにして勾配を緩和させるかが課題となる。

清水トンネルの南口、土合駅の標高は665・5mで、南麓の水上駅は標高491・5m。標高差は174m。両駅間の距離は、利根川と支流の湯檜曽川に沿って約7㎞。単純に標高差を駅間距離で割ると25‰近くになるが、上越線はループ線で勾配を最大20‰に緩和させている。上越線の2つのループ線は、勾配を抑えながら清水トンネルへアプローチするのを目的に、南北に設置された。

南の群馬県側にある湯檜曽ループ線は、第一湯檜曽トンネル（全長１７５８ｍ）と第二湯檜曽トンネル（全長４２２ｍ）でループしている。カーブ半径はＲ４０２、交差箇所の高低差は46・５ｍ。北の新潟県側は松川ループ線。第一松川トンネル（全長１７６２ｍ）と、第二松川トンネル（全長１６４２ｍ）でループ。カーブ半径は湯檜曽ループと同じＲ４０２で交差箇所の標高差は44ｍだ。それほどまでに苦労して高度を稼いでも、清水トンネルの長さは９７０２ｍにおよび、当時は日本一、世界第９位の長さになった。

昭和6年に竣工した清水トンネルの土合方抗口

軽便鉄道も敷設し工事資材を運搬

清水トンネルは土合口で大正11年（１９２２）５月に、土樽口で大正12年（１９２３）10月に着工。抗口は土合、土樽ともに人里離れた不便な場所にある。このため抗口付近には電力線が引かれ、トンネル工事用の火薬庫、砕石工場、鑿焼工場などの設備が築造された。同時に作業員用の住居や購買所、救護所、分教場、巡査詰所などが設置され、小さな村が誕生したようだった。また、そうしてできた工事集落と最寄りの町を結ぶ軽便鉄道が、上越南線では沼田〜大穴（現・湯桧曽駅付近）間に約20㎞、上越北線では湯沢〜土樽間に約９・５㎞敷設された。建設資材のほか、作業員や付近の住民にも利用されたが、北線側は豪雪地のため冬期間は運行できなかったようだ。

清水トンネル内の岩盤は堅硬な閃緑岩の地質で、当初は手掘による掘削だった。大正13年（１９２４）２月にアメリカ製の空気圧縮機が導入され機械化が進んだ。圧縮空気は鑿岩機やズリ出機、巻揚機などの動力に用いられた。堅硬な地質により、鑿岩機（削岩機）の刃先は破損や磨耗が多く、鑿焼工場がフル稼働で鑿鋼の修理にあたったという。

「工事は着々と進捗したが、途中多量の漏水に出会う。水除工事に一ヶ年を費やすなど、

土樽にある直轄工事殉職碑と新清水トンネル慰霊碑

幾多の難工事に遭遇したがよくこれを克服して昭和六年九月一日遂に全線開通の輝かしき日を迎えた」（『町誌みなかみ』より）。

工事に携わった延べ人数は約３００万人といわれ、群馬県側で18名、新潟県側で26名の尊い命が失われた。群馬県側には上越南線殉死者供養塔が、新潟県側には上越北線殉職碑が建てられている。

清水トンネルの完成を受けて水上～越後湯沢間が開通。上越南線と上越北線は結ばれて上越線と改称された。長大な清水トンネルを通るため、開通当初から電化され、電気機関車のけん引で列車が運転された。

複線化によりループ線は上り線用に

上越線の開業により東京～新潟間は、信越本線経由と比較して98km、約4時間短縮。幹線鉄道として躍進するも、単線であるため輸送量がすぐに限界に達した。昭和42年9月、隣接して1万3490mという長さの新清水トンネルを掘削。新線を下り線、既設の清水トンネルは上り線として使用開始された。上り線となった清水トンネル内にあるサミット（最高地点）は標高676・8m。これに対する新線は、新清水トンネル内で標高618・1mのサミットを越える。標高差は60m近い。下り線の土合駅は新清水トンネル内に設置され、地上にある駅との標高差は82・1mもあり、これは486段の階段でアクセスする〝もぐら駅〟として知られている。

関東圏と新潟圏を結ぶ上越線は、北陸や東北地方の日本海側を結ぶルートにも使用され、長距離列車や優等列車が頻繁に運行された。昭和37年6月には、上野～新潟間の電化が完成し、特急「とき」が運行開始。昭和53年10月のダイヤ改正では最大の14往復まで増発し、上越線のエースとして活躍した。

昭和44年5月、新全国総合開発計画が閣議決定。上越新幹線を含む全国新幹線網、総延

土合駅下りホームから見上げる地上への長い階段

	開通年	長さ（m）	最高地点(m)	用途
清水トンネル	昭和 6年	9702	676.8	上越線上り
新清水トンネル	昭和42年	13490	618.1	上越線下り
大清水トンネル	昭和54年	22221	約540	上越新幹線

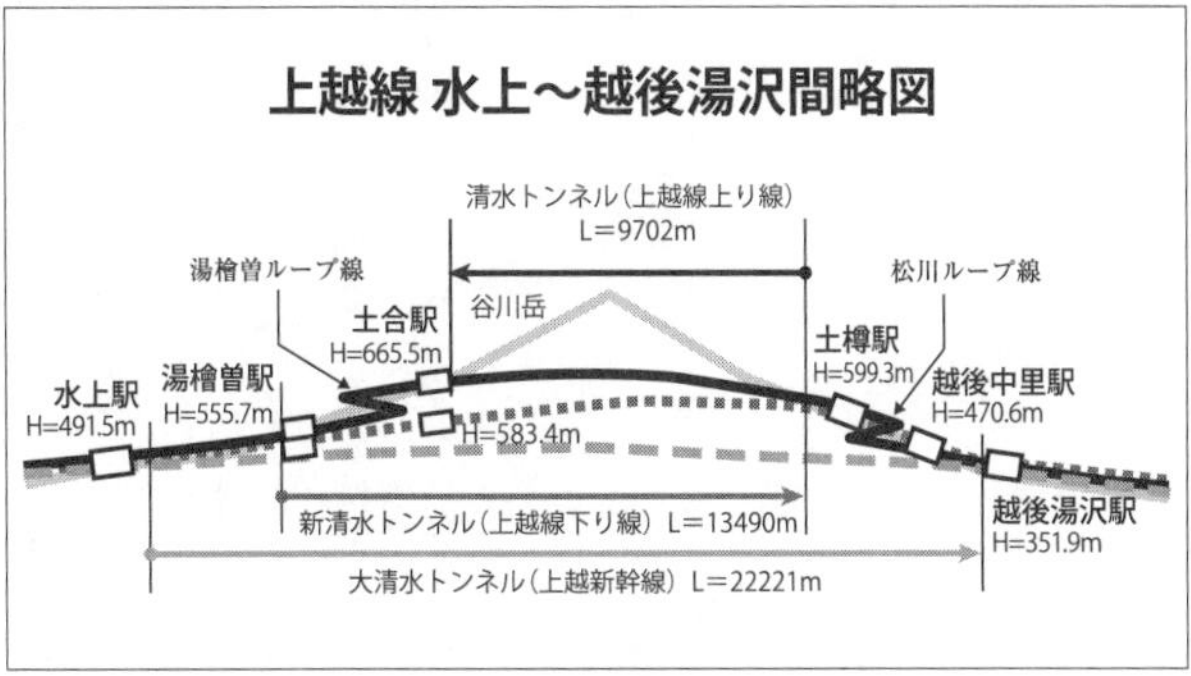

長約720㎞の案が発表された。昭和46年12月、全国新幹線整備法に基づき、上越新幹線大宮〜新潟間を着工。上越国境には全長2万2221mの大清水トンネルを掘削し、難工事の末、昭和54年に貫通した。

大清水トンネル内にある上越新幹線のサミットはおよそ540mで、新清水トンネルより80m低く、清水トンネルと比較すると136mも標高の低い位置を通る。勾配は群馬県側で3〜6‰、新潟県側で12‰と緩やかだ。上越新幹線は昭和57年11月に開業し、上越線は長距離の旅客輸送を新幹線に譲っている。

コラム

列車はなぜカーブで曲がれるのか？

ハンドル操作によってステアリングを切れる自動車と違い、鉄道車両にそのような装置は装備されていない。ではなぜ列車がカーブした線路を滑らかに曲がることができるのだろうか。その答えは鉄道車両の車輪にある。

車輪の大まかな構造を図1に示した。車輪の内側で一回り径の大きな部分を〝フランジ〟と呼び、車輪がレール上面と接する部分を〝踏面〟と呼ぶ。

鉄道車両では一本の車軸の両端に、軌間に合わせて車輪を取り付けている。2輪のフランジ間は、軌間より若干余裕を持たせて設置され、2本のレールの内側でツメのような役割を果たし、車輪がレールから逸脱するのを防止する。

また、踏面は水平ではなく、車輪内側から外側にかけて傾斜して（切り下がって）いる。車輪がカーブに入ると、遠心力を受けて横圧がかかり、車体外側の車輪は、径の大きな内側に押し出される。逆に、車体内側の車輪は、径の小さな外側へ押し出される。

踏面が切り下がっていることで、レールと接している踏面の円周に差が生じ、カーブ径の長い外側の線路を径の大きな内側の踏面部分で、円周の短い内側の線路は径の小さな外側の踏面が接することで、自然にカーブへ導く仕組みになっている。

これが、列車がカーブを滑らかに曲がる基本的な仕組みである。

ちなみに、急カーブで〝キー、キー〟と金属音が発生するのは、横圧で押し出された、カーブ外側の車輪のフランジが、レールに接触して発するものだ。

図1：車輪の外側へ傾斜している踏面勾配の概略

図2：鉄道博物館にあるカーブを曲がる仕組みの模型

ＪＲ伯備線

山地が国土の約75％を占める日本の鉄道は、山間部を走る路線が多い。ほとんどの鉄道が明治時代中期から昭和初期頃にかけて敷設されたが、当時は長いトンネルを掘削したり、橋を架けたりする技術や費用が不足していた。山や川を避け地形に順応するように敷設されたため、カーブを多用した線形になっている。

日本国有鉄道は昭和33年〝こだま形〟と呼ばれた特急用の20系（後の151系）電車を開発。都市間輸送のスピードアップに成功した。昭和39年には東海道新幹線が開業。よりスピードアップが求められるようになり、在来線では電車特急の需要が延び続けた。しかし、スピードアップは2つの制限によって限界に達した。一つはブレーキ性能による最高速度の制限。もう一つはカーブによる速度制限だ。ブレーキによる速度制限は、踏切や信号の見通しを条件に、車両の減速性能によって決められる。カーブによる速度制限は、速度が高いと列車の脱線に繋がる。安全面はもちろん、乗り心地や線路に対する悪影響も考慮されなければならない。

対処する手段として最良なのは、カーブが多く見通しの悪い区間は、新たに直線的に線路を敷き直し、新線に切り替えるのが理想的だ。実際に電化や複線化の際、新線に切り替えられた路線もある。ただし、それでは経済的な負担が莫大となる。そこで考えられたのが、振り子式電車の開発。カーブ通過時に車体をカーブ内側へ傾斜させ、遠心力を打ち消すことでスピードアップと乗り心地の向上を目指した。

昭和45年３月に試作車両の５９１系電車を製造。各種試験が行われた結果を受けて誕生したのが３８１系電車である。令和４年の時点では岡山〜出雲市間の特急「やくも」に唯一使用されている。

ここでは平成24年に交通新聞社より刊行された拙著『国鉄型車両ラストガイド３８１系』の記事に加筆・修正のうえ再掲。伯備線を走る特急「やくも」に乗車、また車両を管理する後藤総合車両所出雲支所を取材した現場でのインタビューを交えながら、日々カーブと格闘する３８１系電車と携わる人々の関わりを紹介する。インタビューに応じていた

車体を傾けながらカーブを通過する振り子電車

だいたのは、米子運転所の山中靖夫さん（「運転士」と表記）、米子車掌区の土井政春さん（「車掌」と表記）、後藤総合車両所出雲支所の阿部喜文さん。所属はいずれも当時のものだ。

＊

特急「やくも7号」3時間の旅

多くの乗客が待つ岡山駅2番ホームに、381系電車の6両編成がゆっくりと進入してきた。伯備線を経由し、山陰本線出雲市を目指す特急「やくも7号」だ。

指定された座席は4号車（サハ381―229）14D。車端部の位置で、TR224形台車の真上である。「振り子」の具合を感じるには最適な席だ。

やくも7号は10時05分、定刻に岡山駅を出発。出雲市まで約3時間、220・7kmの旅が始まった。

輻輳する分岐器を渡りながら構内を抜ける頃、「ご乗車ありがとうございます」の放送に交じり、〝シューッ〟とエアーの抜ける音が床下から聞こえてきた。

「時速50kmを境に振子がオン・オフに切り替わります（運転士）」。

速度と電気的に連動して、時速50km以下では振子が機械的に固定される仕組みだ。逆に時速50kmを越えるとロックが解除される。

シューッと聞こえたのは、振子制御空気シリンダからエアーが抜ける音だ。

「もしエアーの音が聞こえない場合、不具合も考えられます。常に音にも耳を傾けています（運転士）」。

列車は山陽本線を駆け抜け、倉敷から伯備線に入る。線路は緩やかに蛇行する高梁川に沿ってカーブを繰り返す。ここからが振り子電車381系の本領発揮だ。

「岡山から乗ると、備中川面と方谷の間ではじめに急カーブの連続を感じます（運転士）」。列車は同区間にある第4高梁川橋梁の付近から、R300のカーブが右へ左へと連続するようになる。

カーブ通過中の車窓は地面が斜めに大きく傾き、車体がバンクしているのを実感する。381系の場合は、本則（基本的な制限速度）+15もしくは20㎞／hが曲線の通過制限速度。「その後もカーブはずっと続くのですが、何度も繰り返すうちに慣れてしまうようです（運転士）」。

「やくも7号」は新見を出発すると、高梁川を離れ支流の西川上流へ分け入ってゆく。布原《ぬのはら》、備中神代《びっちゅうこうじろ》、足立《あしだち》と、D51形蒸気機関車の三重連で名を馳せた駅名標が車窓をかすめてゆく。風景はより山深く、渓流と山の緑が目にも鮮やかだ。

伯備線は山陽本線の倉敷駅と山陰本線の伯耆大山駅を結ぶ138・4㎞の路線。中国山地を越えて山陽と山陰を結ぶ、陰陽連絡路線だ。

明治時代に民営の中国鉄道によって計画されるも実らず。後に官設の軽便線として、伯耆大山～根雨間の建設を決めるが、陰陽連絡路線へと計画変更された経緯をもつ。

大正時代に入り伯備北線、伯備南線として南北双方から建設が進められ、昭和3年に全通。昭和47年3月に山陽新幹線が新大阪～岡山間に開業すると、陰陽を連絡する特急「やくも」が運転開始された。昭和57年には全線電化、特急「やくも」に最新鋭の381系電車を投入し、スピードアップがはかられた。今日では陰陽連絡のメインルートとなる伯備

地面に対して車体が大きく傾く

線だが、岡山・鳥取の県境は人家も疎らだ。

その人里離れた県境に、標高約470mの谷《たん》田峠《だだわ》が控えている。足立からは25‰の急勾配とR300～400のカーブの組み合わせが5km以上も続く。

非電化時代には蒸気機関車や特急「やくも」のキハ181系気動車が、力いっぱいに挑んだ峠路を、381系電車は車体を左右に傾けながら悠然と進む。

「山間部では晩秋に落ち葉で空転するときがあります。速度計やモーター音を気にしながら運転します（運転士）」。

化粧室へ行くついでに、カーブ走行中に通路を歩いてみた。座席の背につかまっていれば良いが、手放しでは思わぬ方向に体が持ってゆかれそうになるのを感じた。

「列車が揺れる場合がございますので、席を立つ際は足下に十分ご注意ください」との車内放送を幾度か耳にしてきた。やさしい女性の声は、岡山車掌区の小橋車掌。しっかりと床を踏み締めながら、小まめに車内を巡回されていた。

「きっぷを拝見する際、進行方向に背を向けての体勢になる場合がありますが、最初は振子の挙動が把握できず苦労したこともありました。また、女性の乗務員のなかには、ヒールの低い靴で乗務するなどの話も聞きます。ただ、それも最初のうちで、業務の忙しさに紛れて、揺れのことなども次第に気にならなくなります（車掌）」。

３８１系電車が特急「しなの」に導入されて以来、振子電車の揺れにまつわるさまざまな逸話が残されている。

伯備線の特急「やくも」でも「以前は車掌が酔い止めの薬を携行した時代もありましたし、洗面所に備わったエチケット袋は、乗り物酔いに弱いお子さんに利用されることが多かったですが、最近では座席のリニューアルなどで、乗り心地が向上しました。揺れることに対する苦情も、ほとんど聞かれなくなりました（車掌）」とのこと。小さな改善の積み重ねが、功を奏しているようだ。

乗務員と車両の信頼関係

全長１１４６ｍの谷田峠トンネル内で25‰の下り勾配へ変わる。この峠は分水嶺にもなっている。瀬戸内海へ流れていた高梁川水系から、日本海へ注ぐ日野川水系へと、川の流れる方向が変わる。車掌によっては「観光案内放送」で、分水嶺を紹介するという。

特急「やくも」は、瀬戸内式気候の岡山から標高４７０ｍの山間部、そして日本海側気候の山陰へと、わずか３時間の間に気象条件が目まぐるしく変化する。車内の温度管理をする車掌にとっては頭を悩ませるところだ。

「３８１系はアナログ的ですから、そのへん機器の微調整が可能です。シンプルで扱いやすいですね。長年使ってきた愛着もありますし（車掌）」。

日々の乗務のなかで３８１系と上手に付き合って、安全で円滑な列車運行を下支えしている。３８１系を「振子式」だからと特別扱いする訳ではない。

根雨、武庫、江尾と通過すれば、次第に平地が広がってくる。晴れていれば車窓右手に大山の勇姿を望むことができる。伯備線は伯耆大山の手前でＲ４０２の左カーブにより、90度向きを変え山陰本線と合流する。

「乗務後に駅のホームでお客様から、『運転士さん、大山がきれいにみえました。ありがとうございました』と声をかけられたことがありました（運転士）」そのときは、えも言われぬ嬉しさを感じたという。

特急「やくも7号」は中海や宍道湖の水際を駆け抜け、松江を経て終点の出雲市に到着。続いて381系電車の管理をする、後藤総合車両所出雲支所を訪ね、検修の様子を取材した。

目と耳と手、そして心で381系電車を守る

出雲支所構内西側の交検線33番に、特急「やくも」用の381系電車が入線している。交検（交番検査）とは、90日ごとに、鉄道車両の集電装置、走行装置、電気装置、ブレーキ装置、車体等の状態、作用および機能について、在姿状態で行う検査だ。

電車の床下では、ピットと呼ばれるレールの間に掘られた溝の中で打音検査が行われているところだった。検査係が小さなハンマーを手に、台車まわりのボルト締結部などを検査する。

「ボルト締付けよし！」

若き検査係が喚呼しながら検査に勤しむ。ハンマーの打つ音が「カーン、カーン」と小気味よく響いた。

足まわりと並行し、パンタグラフまわりの打音検査も行われている。

低重心設計の３８１系電車では、クーラーユニットが床下へ置かれた。屋根上にはパンタグラフのほか、ベンチレーターが車端部にあるのみで実にスッキリとしている。

振子式の３８１系電車のパンタグラフは摩耗の範囲が広い。検査係がパンタグラフの各部を目視検査や打音検査などで丹念に診断している。

そう、その光景は〝診断〟と呼ぶのに相応しいものだ。打音検査に携わる人々は、わずかな音の違いで異常をキャッチするのだという。

交検ではほかにも、摩耗部品の取替や運転台での機器の作用、機能の確認などが行われる。１回の交検では3両分に１日が費やされ、不具合が見つかった場合、速やかに修繕などの対策がとられる。出雲支所では交検のほか、７日に一度の仕業検査、臨時検査も実施される。

後藤総合車両所配置の３８１系電車は、岡山と出雲市の間を往復する単純な運用ではあ

台車まわりを入念に検査する

るが、ほとんどが1日2往復程度、1運用約900㎞の走行距離であるのに加え、伯備線内の急カーブと急勾配、目まぐるしい気象の変化など、厳しい自然条件との闘いが日々繰り返されている。

日々奮闘する381系電車を守る出雲支所の人々は、381系電車のことを、親しみを込めて〝サンパー〟と呼んでいる。仕業機動係長（当時）阿部喜文さんもその一人だ。

「サンパーの場合、カーブの多い山岳区間を走りますから直摩になる傾向があります」。〝直摩〟とは踏面のフランジ側が直線的に摩耗することで、カーブを通過する時の横圧によって発生しやすくなる。逆に直線区間を長く走る列車の車輪は踏面がすり減る〝凹摩〟になりやすいという。

取材時、クハ３８１―１３６の車輪転削が行われているところだった。転削されるのは一度に１軸２輪で、両輪がゆっくりと回転しながら削られてゆく。

車輪転削に用いる車輪転削盤を操るのはＪＲ西日本のグループ会社である後藤工業の検査係２名で、それぞれ１輪ずつを担当。小さな手鏡で目視確認し、またノギスで計測しながら、車輪転削盤を慎重に操っているのが印象的だ。

「山間部での落ち葉や雪での空転で、踏面にフラットが発生するときがあります。入区後にそれが見つかった場合は臨時的な転削を夜間に行うこともあります」と阿部さんが話してくれた。

サンパーと共に過ごした日々

昭和57年7月1日、伯備線と山陰本線の一部の電化が完成。特急「やくも」は、それまでの１８１系気動車から、振子式の３８１系電車に置き換えられた。

このとき、知井宮駅（現・西出雲）西側に「出雲電車区」が新設され、９両編成９本、合計81両の381系電車が新製投入された。これが現在の後藤総合車両所出雲支所である（平成24年の取材時には57両在籍）。

先ほどより話を伺っている阿部さんは、旧・後藤工場（現・後藤総合車両所）の電気職場に勤務していたが、電化準備の要員に抜擢され、新設される電車職場を担当することになった。以来30年の鉄道人生をサンパーと一緒に過ごしてきた。

「サンパーにとって初の全検のことを今でも覚えています。部品をバラすのですが、要員も少ないなか、新しい人にも教えながら、毎日の作業を続けました」。

その後も時代のニーズに合わせ、中間車両から運転台付き車両への改造やパノラマグリーン車などのアコモデーション改造など、381系に関するほとんどの改造工事に携わってきた。平成13年11月から出雲支所へ転勤となった。

出雲支所転勤後は、振子台車の特徴である、ボルスタアンカの騒音抑制、電動発電機や制御器の不具合部分の原因究明と調整など、電気系統以外の部分も含め総合的に車両を見ることになった。

床下に配置されたクーラーなど、汚れやすい部分の清掃には〝気吹き〟と呼ばれる圧縮空気で汚れを吹き飛ばす作業が行われる。その気吹き作業中、吹き飛ばされた埃に伯備線で拾っただろう、山の匂いが交じることがある。阿部さんはサンパー独特の〝伯備の山の恵みの匂い〟と感じ、この匂いが好きなのだという。

「隅々まで見ているつもりでも、もっと隅がある。車両は使われるうちに表情が変わってくるもので、その変化に気がつくことが大事です」と阿部さん。

「若い社員が機器のかすかな異音を聞いて不具合を発見したときがありました。よく見つけたなと、大いに感心すると同時に、少しヤケましたね……(笑)。自分が一番サンパーを知り尽くしているとの

大自然の中、最期の力走が続く

自負もありますが、やはり今でも日々勉強です」と、381系電車へ対する熱い思いがとても印象的だった。

＊

令和4年2月、新型の273系電車を令和6年春以降「やくも」に投入することが発表された。現役最後の国鉄型特急電車でもある381系電車、今後の去就が注目される。

ＪＲ予土線

高知県津野町の不入山《いらずやま》に源を発し、自然豊かな山間部をゆったりと流れる四万十川。本流に大規模なダムがないことから、日本最後の清流といわれている。車窓に自然豊かな四万十川の流れを眺めて走るのが予土線だ。

そんな予土線（北宇和島～若井間76・３㎞）には、急カーブが多く存在する区間がある。蛇行する四万十川に沿った、江川崎～家地川《いえぢがわ》間かと思えばそうではない。意外にも予讃線から分かれてすぐの北宇和島～吉野生《よしのぶ》間にある。なぜ四万十川沿いではない区間に急カーブがあるのか、宇和島駅から列車に乗り予土線を訪ねた。

北宇和島からいきなりの急勾配と急カーブ

予土線の列車は宇和島から北宇和島まで一駅だけ予讃線を走る。北宇和島を出ると、R200の急カーブで予讃線から離れ、光満川《みつまがわ》の谷間へ分け入ってゆく。北宇和島から1kmも走らないうちに、勾配は22・5〜24‰と急になる。1kmを越えた辺りからは、カーブが右に左に小刻みに繰り返され、最急R160の標識も見られる。列車は木々が鬱蒼と茂る谷間にディーゼルエンジンを響かせ、車輪のフランジを〝キーキー〟と擦りながら坂道を上ってゆく。やがて25‰を超え最大30‰という急勾配が出現、カーブは相変わらずR200が連続し、所々にR160が現れる。予土線は、四万十川沿いにのんびり走るイメージがあるが、予土線に入ってすぐ、厳しい山岳鉄道の様相となることに驚かされる。

長い坂道が10分間近く続いたあと、全長210mの窓峠《まどのとう》トンネルに進入。トンネル内も26・4‰あり、抜けた地点が峠のサミットで、程なくして務田《むでん》に到着する。鬱蒼とした谷間から一転して、のびやかな田園風景が車窓に広がっている。

列車が越えてきた窓峠は分水嶺にもなっている。峠から宇和島方へ流れる光満川は、高串川、須賀川へ合流して宇和島湾に、予土線に沿って江川崎方へ流れる三間川は、広見川、四万十川へ合流して土佐湾へ出る。

務田駅の標高は149・2mあり、宇和島湾も近い北宇和島駅の標高はわずか8・8m。駅間距離約6㎞の間に約140mも上ったことになる。予土線は急カーブと急勾配の窓峠を越えて、三間・広見川流域に開けた台地の上へ這い上がってきたのだ。務田から先は、勾配こそ緩やかな下り坂へ変わるものの、R200の急カーブが、7駅先にある松丸の前後まで点在している。列車はカーブ手前で時速35㎞程度まで減速するのでスピードが上がらない。予土線には新幹線0系を模した、海洋堂の鉄道ホビートレインが走っているが、R200の急カーブを、ゆっくりゆっくり走る0系新幹線似の姿はどこか微笑ましい。

ところで、なぜ平坦な区間にまで急カーブがあるのだろうか？　その答えは予土線の歴史にあった。

予土線のなかで最初に開通したのは、西側の宇和島〜近永間の約17㎞。民営の宇和島鉄道が敷設、大正3年（1914）に開業している。軌間762㎜の軽便鉄道だった。先に答えを述べてしまうが、軽便鉄道の規格であったため、R200以下の急カーブが多用されたのだ。

全長76・3㎞ある予土線からすればわずかな距離だが、同じ時期、愛媛県内には松山近

R200の標識が立つ急カーブに入る

郊に伊予鉄道と松山電気軌道があるのみ（鉱山などの専用鉄道を除く）。本来、宇和島鉄道のようなローカル線は、本線の駅から枝を伸ばすようにして建設されるのが一般的だ。ところが、本線にあたる予讃線は、大正3年の時点で、宇和島はおろか川之江までも達していなかったのである。

たとえ軽便鉄道とはいえ、そのような早い時代に開業させたのだから、鉄道への情熱はよほどのものがあったのだろう。宇和島鉄道とはどのような会社だったのだろうか。

四国循環鉄道構想と宇和島鉄道の創設

宇和島鉄道の創設の遠因となったのが「四国

循環鉄道」の構想だ。四国の外周を鉄道で結ぼうという計画である。予土線は全通後に愛媛県と高知県を結ぶ唯一の鉄道路線となり、四国循環鉄道の一部を成している。

宇和島鉄道の比較的早い時期の開業に対し、『宇和島市誌』では「四国循環鉄道建設の前進基地としての使命に基づく宇和島地方民衆の期待にこたえた実績をのこしたものというべきであろう」と評価している。

四国西南地方において、四国循環鉄道（以下、循環鉄道と表記）の建設機運が盛り上がったのには理由がある。「四国西南地域が宿命的な後進性を長く背負ってきた根本的な要因の一つは、地理的自然的に制約された交通面の開発が甚だしく遅れたことにある。この交通のあい路打開こそ、長い間の地域の課題であった」（『宇和島市誌』より）。

もっとも、循環鉄道構想の以前より、宇和島から吉野生の間に鉄道を敷設する構想はあった。好藤村国遠《よしふじむらくにとお》（現・鬼北《きほく》町）出身で、後に衆議院議員や好藤村長を務めた今西幹一郎は、東京や大阪の私鉄を見て地元にも鉄道を引くことを決意したという。

明治27年（１８９４）６月、愛治村清水（現・鬼北町）出身で衆議院議員の玉井安蔵を代表人として宇和島鉄道を設立し、宇和島～吉野（現・吉野生付近）間に軽便鉄道敷設を申請した。三間川沿いで収穫された山里の産物を、宇和島の市場へ運び、港から船便を使って各地へ輸送するのが目的だった。明治30年（１８９７）４月に免許が降りるも、日清戦争の影響を受け、着工できぬまま免許を失効していた。そこへ持ち上がってきたのが循環鉄道構想だった。

明治33年（１９００）、北宇和郡（現・鬼北町、松野町、宇和島市と西予市の一部）の郡会で、交通問題が取り上げられ「四国の鉄道をどうしたらよいか」を協議。その結果「四国を循環する鉄道路線が必要」とされ、予算を組み調査を実施することの決議に至った。香川県境から南予地方まで約２００㎞が実地踏査され、愛媛県内の内陸寄りを横断するルートが選定された。卯之町から宇和島の間は、現在の予讃線よりも内陸を通り、大洲以南は肱川沿いを遡り、歯長峠を越え務田付近から宇和島に至る、近年完成した松山自動車道に近いルートが候補として挙げられた。

今西幹一郎が画策した、宇和島〜吉野の鉄道は循環鉄道のルート上にある。しかし「四国循環が理想ではあったが、その夢は余りにも大きすぎることを知った幹一郎は、四十二年再び同士を集めて、宇和島と鬼北を鉄道で結ぶ会社の設立を提案した」（『広見町誌』より）。

予讃線がようやく松山まで開業したのは昭和２年のこと。宇和島まで達したのは昭和20年になってからだ。今西に先見の明があったといえるが、この提案に対し地元では賛同を得られなかったという。今西は中央の地方出身有力者に呼びかけて資金を募り、明治43年（１９１０）12月に出願。翌年３月に再び免許状を取得し、同年９月に宇和島軽便鉄道を設立した。明治43年４月に公布された軽便鉄道法、明治44年（１９１１）３月に公布された軽便鉄道補助法の後押しもあったのだろう。明治45年（１９１２）６月には宇和島鉄道へ社名変更している。

宇和島鉄道は大正元年（１９１２）８月、宇和島～近永間で工事に着手。宇和島駅は現在の場所とは違い、駅の北方、須賀川右岸の宇和島市立城北中学校の付近に設置された（大正５年（１９１６）に現在の場所へ移転）。線路はそのまま須賀川から高串川の右岸を遡ったあと、高串川を渡り、北宇和島駅の北方からは現在の予土線と同じルートをとった。間に高串駅、光満駅があり、北宇和島駅はまだ設置されていなかった。

峠越えとなる、窓峠トンネルは短いながらも一大工事。貴重な工事写真が撮影されている。「窓之峠隧道工事中之真影」と題された写真には、深い切り通しに掘り抜かれた窓峠トンネルの様子が見てとれる。煙を吐いて抗口から出てくる蒸気機関車。切り通しの上には工事に使用されたトロッコの軌道と、列車を見守る人々の姿も見られる。写真は額に納められ、近永駅近くの弓滝神社に奉納されている。額縁には「大正三年十二月吉日」「宇

弓滝神社に奉納される写真額

和島鐵道會社前副社長今西幹一郎」の文字が彫られている。

敷設工事に約2年を要した末、大正3年10月に宇和島〜近永間が開業。『三間町誌』には、この時代の列車の様子が記されている。「光満谷を喘ぎゝ上って、旧窓ノ峠トンネルを抜けて務田駅に着き、人も汽車もほっとした」とある。昔日の光景を思えば、急カーブに軋む車輪の音と、鬱蒼と生い茂った木々に埋もれるような車窓風景に、鉄道敷設に尽力した、先人達の熱意と苦労が重なって見えてくるようだ。

大正12年（1923）12月、宇和島鉄道は吉野（現・吉野生）まで延伸した。

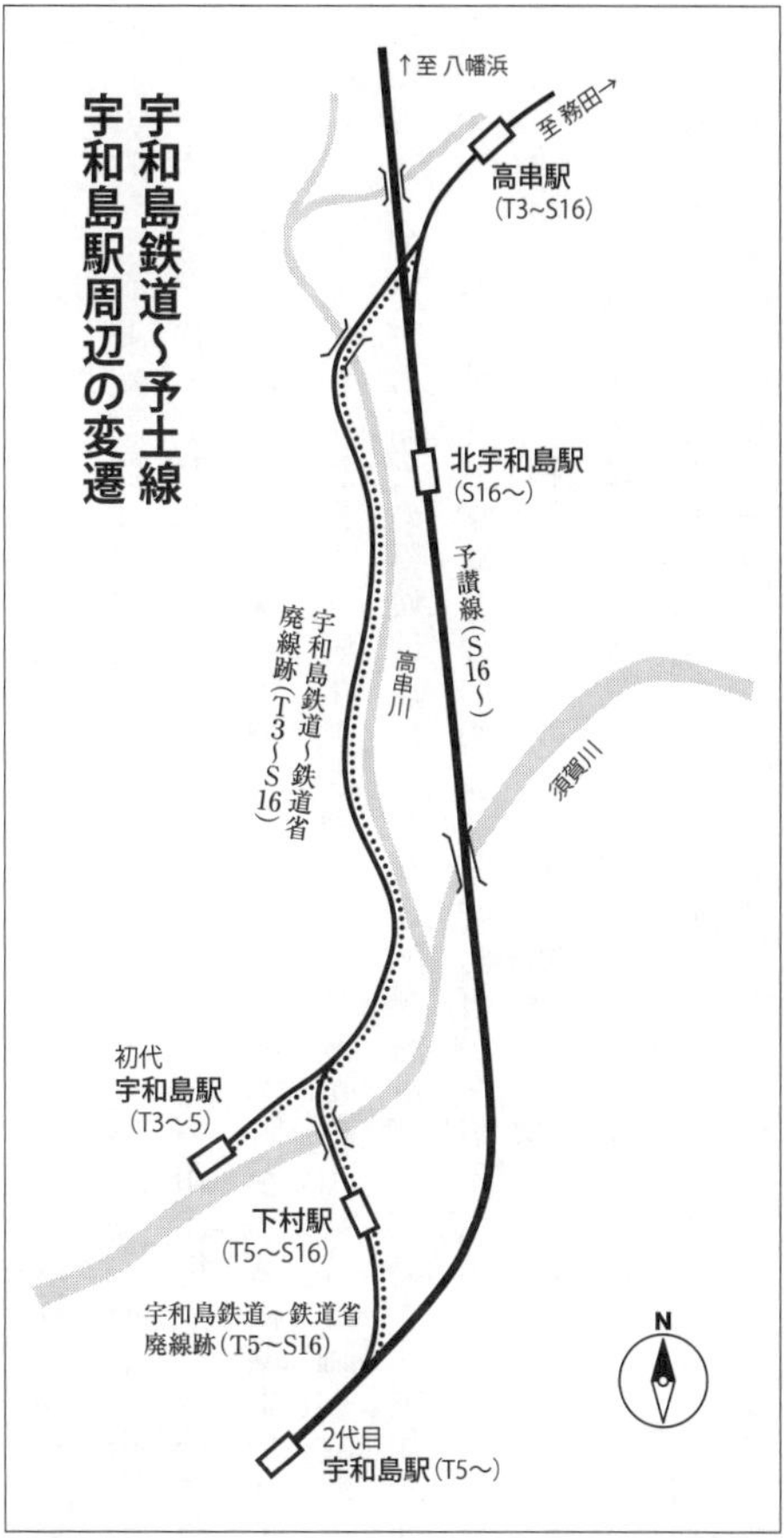

宇和島鉄道～予土線
宇和島駅周辺の変遷

国有化を経て全通し予土線となる

大正11年（1922）4月、地方における鉄道敷設の予定線を表した改正鉄道敷設法が公布された。その別表第１０３号には「愛媛県八幡浜ヨリ卯之町、宮野下、宇和島ヲ経テ高知県中村ニ至ル鉄道及宮野下ヨリ分岐シテ高知県中村ニ至ル鉄道」が、さらに第１０３号ノ２には「愛媛県卯之町ヨリ吉田ヲ経テ宇和島ニ至ル鉄道」が記載。

ルート選定には紆余曲折あったが、一部区間がルート上にある宇和島鉄道は、昭和８年に国に買収され鉄道省の宇和島線となった。国有化により「汽車賃は半額、乗客は三倍に増加した」（『広見町誌』より）という。将来の延伸を見越して、終点の吉野駅は広見川の左岸へ移転し、吉野生と駅名が改称された。国有化後の昭和16年７月、後に予讃線となる宇和島～卯之町間が、宇和島線の支線として開通（卯之町から八幡浜までは未開通）。

これに合わせて、宇和島～吉野生間を軌間７６２㎜から１０６７㎜へ改軌、窓峠トンネルの付替、卯之町方面との分岐地点に北宇和島駅を設置、宇和島～北宇和島間の線路を変更、一部の線路を敷き直すなどの大規模な改修工事が、昭和12年より着工されていた。

この改修工事は、宇和島～卯之町間の開業と同時に完了したが、Ｒ１６０～２００の急カーブは残されたままになり、今日に至っている。昭和20年には、卯之町～八幡浜間が開通し予讃線が全通。宇和島線は昭和28年、吉野生から江川崎へ延伸する。昭和34年には江川崎～窪川間が、日本鉄道建設公団によるＡＢ線（地方開発線及び地方幹線）の「窪江

窓峠トンネル内部、宇和島方の抗口が残る

線」として着工され、昭和49年3月1日ついに全通して国鉄の予土線となった。

予土線の列車が窪江線として建設された区間に入ると、まるで別路線へ入ったようにスピードが上がる。この区間は高規格路線で最高速度は時速85㎞だ。設計が新しいため、大きく蛇行する四万十川をトンネルと橋梁により、串刺しにするように直線的に敷かれ、急なカーブはほとんどない。

大正3年に宇和島鉄道が最初に開業してより、予土線として昭和49年に全通するまで60年。長い歳月の差が、線路のカーブからも感じられる。

コラム

カーブ線路にある設備あれこれ

右側の２重になったレール内側が脱線防止ガード

急カーブのある線路は、安全や環境に対処するための特殊な設備を備えている場合がある。

【脱線防止ガード】

急カーブの区間では、２本の線路の内側にレールがもう一本設置されている場合が多い。車輪のフランジが線路を乗り越えようとした場合、脱線する動きをガードする役割を果たしている。

護輪軌条とも呼ばれ、カーブのほか、橋梁上や踏切などに設置され、万が一列車が脱線した場合にも、大きく逸脱することを防止する役割を果たしている。

京阪京津線で稼動する散水装置

【散水装置】

急カーブ区間では、遠心力によってカーブ外側に横圧がかかる。その際、フランジとレールの摩擦により、耳障りな金属音が発せられる。また、強い摩擦により車輪やレールが過度に摩耗してしまう。

対策としてレールに散水し、騒音や摩耗を低減。箱根登山鉄道では、車両に水タンクを積み走行中に水を撒いて対処している。

コラム

レール外側で横圧による変化を支えるチョック

【チョック】

昨今では、枕木がコンクリート製になり、木枕木に犬釘で線路を固定する場所が減りつつある。木枕木は、重いコンクリート製の枕木に比べ、線路からの力による変化を受けやすい。急カーブ区間では横圧による軌間の拡大や、レールの傾き（小返り）が発生しやすい。これを防ぐため、レールの外側に打ち込まれる木のブロックをチョックと呼ぶ。

第2章

密な都会を縫って

都市交通を担う鉄道として発達してきたのが、路面電車や地下鉄。建物が密集した都市部でも、道路上や地下は空間としての用地確保が容易だろう。

日本では、東京で明治10年代から馬車鉄道が運行開始。やがて動力を馬力から電力へ切り替えて、路面電車として運行開始。庶民の移動手段として活躍してきた。高度経済成長期の前後にはその多くが廃止されたが、近年ではまちづくりや環境の観点から見直されているのも事実。間もなく宇都宮市に新たな路面電車も誕生する予定だ。

道路上に線路が敷かれるのだから、交差点を曲がる際には必然的に急カーブとなる。軌道線からスタートした江ノ島電鉄は、併用軌道区間へ入る場所に普通鉄道では日本一の急カーブを有している。

路面電車の次に、高速運転できる都市交通として発達したのが地下鉄だ。日本初の地下鉄となった東京メトロ銀座線は、開削工法といい、道路の地面を掘り下げて建設された。交差点の下を通る場所では、やはり急カーブとなった。

本章では町と鉄道の関わりが生み出した、さまざまなカーブのある路線をとりあげた。

2つの都市を最短で繋げようと、併用軌道も交えながら敷かれた京阪電鉄京津線や、駅の移転によって急カーブが発生した伊豆箱根鉄道駿豆線も紹介する。

普通鉄道では最急カーブの江ノ島電鉄

東京メトロ銀座線

「一番はじめの地下鉄は電車をどっから入れたんでしょうね」「考え出すと一晩中寝られなくなっちゃう」。

これは昭和末期頃、地下鉄漫才で人気を博した春日三球・照代のお馴染みのフレーズだ。ある年代以上の記憶には、懐かしく残っているのではないだろうか。

「あらかじめ間隔をおいて穴を掘って電車を埋めといて、後から地下鉄の工事にかかるとか。確かこの辺に埋めたよなぁ……」。ステージ上で春日三球が「地下鉄」と言っただけで、会場に笑いが起こるほどの人気ぶりだった。

ほかのフレーズに、耳障りな音を揶揄して「地下鉄が曲がるときにあんな音がする」というのもあったと記憶する。

地下鉄に限らず、電車が急カーブで曲がるときは、車輪のフランジとレールの側面が擦れて〝キー、キー〟という金属音が発生する。急カーブが住宅地付近を通る場所などでは、その対策として線路に水を散水し騒音を抑える苦労が見られる。

トンネル内部を通る地下鉄は、音が近くの壁に反響するので余計に響くだろう。また昭和末期頃まで、東京の地下鉄車両には冷房装置がなく夏場は窓を開けて走っていた。昭和46年以降、駅やトンネル内の冷房化が開始されたものの、車両にクーラーが初めて付いたのは昭和63年からで、全車両の冷房化は平成８年になってからだ。現在では信じられないが夏場は窓全開で走り、〝キー、キー〟の金属音が耳に響いたことだろう。

地下鉄線での最急カーブ

地下鉄で最も急カーブがある路線は、東京メトロ銀座線だ。場所は上野駅の前後になる。

銀座線は昭和２年12月30日、日本初の地下鉄として浅草～上野間に開業した。計画、敷設したのは「東京地下鉄道株式会社」、現在の東京地下鉄（東京メトロ）の前身である。

同社は昭和９年、第一期計画路線である浅草～新橋間の開通にあわせ、『東京地下鉄道史』というタイトルで「乾」「坤」の2冊の記念誌を発刊した。

このうち、主に技術部門を集めた『東京地下鉄道史・坤』に、急カーブとなった場所とその理由についての詳細が記載されている。

「曲線半径決定に当たって最も問題となるのは十字街路下に於て方向転換を成す場合であり、多くこの場合は民有地下に侵入するので此所に比較的小半径の曲線を使用する様になる」と説明。

そのうえで「稲荷町よりの線路を曲線半径309呎《フィート》（94・183m）によって車坂町の隅角を旋転せしめて後、亘《わたり》線を設け得る延長だけを直線とし、反向半径700呎（213・360m）の曲線上に上野停車場を置き、直ちに反向半径309呎（94・183m）の曲線によって上野山下路上の鉄道高架線橋脚間の地下を潜り五条町の路下に沿う線路を選定したのであるが、（後略）」とある。

文中の「309呎（94・183m）」の数字はトンネルの中心半径であり、線路の曲線半径は「本線路の最小半径は300呎（91・440m）最急勾配1／25の認可を得た」と同書にあるように、R91・44が最小半径となる。

地下鉄工事が行われた時期は、大正12年（1923）9月の関東大震災から日が浅かっ

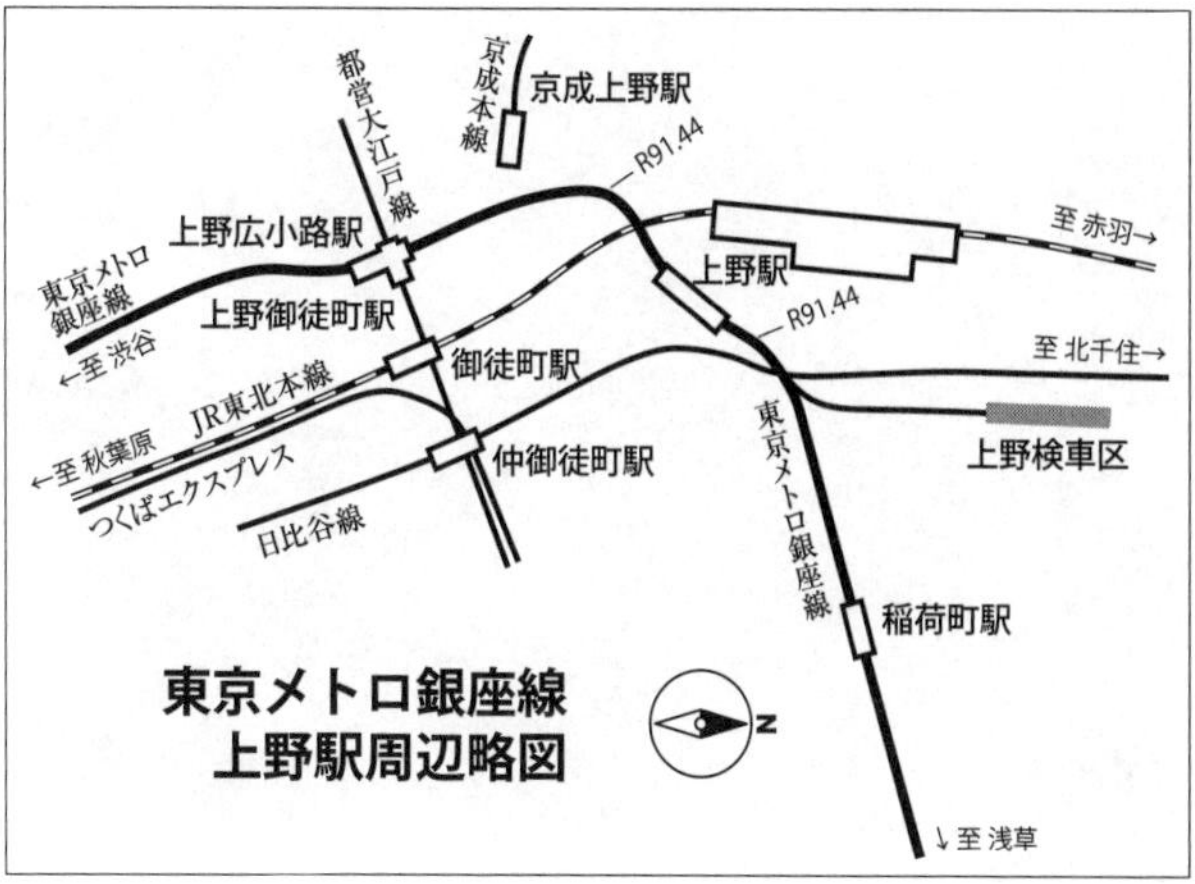

東京メトロ銀座線
上野駅周辺略図

た。上野駅は駅舎が全焼するなどの被害を受け、周囲も含めた復興工事の最中だったのだ。

『東京地下鉄道史』が書かれた昭和９年には、復興道路が完成し上野駅前には広大な広場が設けられている。その状況から、線路を稲荷町方面より緩曲線で駅前広場に引き入れ、上野駅を直線路上に設置すれば、山下方面の曲線は半径４００呎（１２１・９２０ｍ）とする計画も可能に見えただろうが、工事段階では駅前が整理されていなかった。稲荷町方の車坂には２階建の民有地が多くあり、車坂の緩曲線を半径４００呎にすれば、この民有地に干渉するので断念したと記載される。

　当時の地下鉄工事は開削工法が採られた。これは地下をトンネルで掘り進める方法ではな

地下鉄線最急カーブの真上を通る歩行者通路

く、地面を下へ掘り下げてゆき、最後に蓋をしてトンネルとするもので、地面に建物や丘陵があれば施工が難しくなる。「山下側の曲線を半径400呎（121・920m）とする時は線路は上野公園前の高地にかかるので此の比較案は放棄した」ともある。

前出の「曲線半径決定に当たって最も問題となるのは十字街路下に於て方向転換を成す場合であり、多くこの場合は民有地下に侵入するので此所に比較的小半径の曲線を使用する様になる」は、道路上をなぞって地下鉄が建設される際の苦労を想像させる。上野〜新橋間も幹線道路下に敷かれている。

地下鉄線最急カーブを含んだ、日本初の地下鉄がどのようにして敷設されたのか、計画から敷設までの歴史を辿ってみようと思う。

馬車鉄道から路面電車全盛へ

今から１５０年前の明治5年（１８７２）、日本で最初の本格的な鉄道が、新橋〜横浜間に開業する。鉄道は東京の都市交通の発展を促し、同じ頃、乗合馬車や人力車が登場した。やがて馬が軌道上の客車を牽く馬車鉄道が計画された。明治13年（１８８０）12月、東京馬車鉄道株式会社が設立され、明治15年（１８８２）6月には新橋〜日本橋間で運行開始した。同年10月には日本橋から上野、浅草、浅草橋を経由して日本橋へ戻る循環線も開業する。

東京馬車鉄道の営業は好調だったというが、運転本数の増大により馬の糞尿に対する苦情も増え、沿線住民と事業者を悩ませた。

明治23年（１８９０）、上野公園で開催された第3回内国勧業博覧会では、日本初の電車運転が披露。これによって日本各地で路面電車の敷設申請が広がっていった。

東京馬車鉄道は明治36年（１９０３）、社名を東京電車鉄道と改め、品川〜新橋間の馬車鉄道を電車運転に改修して運行開始。翌年3月には東京市から馬車鉄道が全廃された。

同じ頃、東京市街鉄道、東京電気鉄道と東京市内に相次いで路面電車が開業した。3社はバラバラに営業したが、その後経営効率化を理由に明治39年（1906）に合併して東京鉄道となる。東京鉄道は均一運賃を3銭から4銭へ値上げ、さらに5銭まで値上げをしようとしたところ市民の大反発が巻き起こった。

すでに大阪では明治36年から市電が運行されており、市民からは路面電車の公営化を待望する声があった。明治44年（1911）に東京市が東京鉄道を買収、東京市電気局（東京市電）が設立された。現在の東京都交通局の前身である。

東京市電は利用者を延ばし、大正8年（1919）には一日あたりの利用者が100万人を突破。流行歌に「東京名物満員電車」と唄われるほどだった。

「当時東京市の交通機関は省線電車、路面電車だけで、乗合自動車もなかった時代だから、先づ市営市電を以て東京市唯一の交通機関と言って差し支えなかった」（『東京地下鉄道史・乾』より）。

東京地下鉄道株式会社が設立

明治39年、福沢桃介ら21名により、東京地下電気鉄道が出願。また同時期に、雨宮敬次郎ほか32名による、日本高架電気鉄道が出願されたが却下されている。

市電を中心とした東京の都市交通はいよいよ逼迫寸前にあった。市電に代わる高速鉄道を敷設し、これを改善しようと一念発起したのが早川徳次《のりつぐ》。その手段は、ほかの交通に邪魔されることなく、高速走行可能な地下鉄道だった。

明治14年（1881）甲州生まれの早川は、上京し大学を卒業すると、南満州鉄道総裁だった後藤新平を頼って秘書課の嘱託となる。その後、鉄道業を習得して実業家になると考え鉄道院へ入職。中部鉄道管理局の庶務課で事務を習得した後、新橋駅で改札や手小荷物の扱いの仕事に就き、現業にも携わって経験を積んだ。

そんな早川に目をかけたのが、東武鉄道社長の根津嘉一郎だった。鉄道院を退職した早川は、根津から佐野鉄道（現・東武佐野線）の買収や、経営不振だった高野登山鉄道の経営再建を任せられた。

早川は高野登山鉄道を2年半で改善させると同社を退き、大正3年（1914）に欧州を視察訪問する。最初に訪ねたイギリス・ロンドンで地下鉄と出会い感銘を受けた。

「単に交通地獄の現状から東京市を救出するために必要なばかりではなく、近代都市として益々発展の途上にある我が東京市の交通機関の整備という観点からしても、将来地下鉄道を敷設することは絶対に必要である」(『東京地下鉄道史・乾』より)と決意を固めたという。

大正6年(1917)7月、早川を中心に発起人7名により「東京軽便地下鉄道」の名称で出願。区間は「東京府東京市芝區高輪南町ヲ起點トシ芝區烏森町並ニ下谷區廣小路ヲ経テ同市浅草區公園廣小路町ニ終リ猶ホ其線路中同市下谷區車坂町附近ヨリ分岐シ東京府北豊島郡南千住町ニ至ルモノトス」(『東京地下鉄道史・乾』より)。

地下鉄の出願は例が少なく、どの法規によるべきかが不明だったこと、軽便鉄道法は地方鉄道法に比べ規制が緩く自由度が高かったことが、軽便鉄道として出願した理由だったという。

これを追うように、数社から地下鉄道の出願があったが、欧米の地下鉄事情も十分に研究し、豆を使った交通調査を早川自ら実施するなど、根拠のあることが認められ、大正8年11月に免許が下りた。

翌年3月、工学博士の古市公威が社長に就任、早川徳次は専務取締役となり、会社名を東京地下鉄道へ改称。大正10年（1921）には測量を、翌年には計190カ所での試掘調査を終えた。

大正12年5月に許可を得て着工準備が整ったが、9月に関東大震災に見舞われる。震災復興は道路の改修などが行われるため計画を変更。浅草〜上野間を最初に開通させる区間とし、大正13年（1924）5月に施工認可が下り翌年9月に着工した。

工事は日本初の地下鉄工事とあって、施工者も監督者も未経験で難工事となった。地下埋設の上水道・下水道管の破損による浸水や、掘削箇所の土砂が崩落する事故などが発生。苦難を乗り越えながら、昭和2年12月30日に開業するに至った。

「大正五年早川徳次がこれを創業提唱した当時においては、世人の地下鉄道に関する認識は殆ど皆無といって可かった。或は痴人の夢として嗤われたことさへあった。然しながら一切の困難を克服して、今日東京市民に高速且つ快適なる交通機関を提供し得たのは甚だ欣快とするところである」と『東京地下鉄道史・乾』の序文にある。

地下鉄が急カーブを曲がるとき、〝キーキー〟という音に耳を傾ければ、早川をはじめ最初の地下鉄を敷設した人々の苦労が、胸に響いてくるだろう。

開業時の回転改札が上野駅に再現・展示される

東京地下鉄道は昭和9年3月新橋へ延伸。同年9月には、幾度もの出願の末に東京高速鉄道（以下「高速鉄道」）が設立され、昭和14年に渋谷〜新橋間の地下鉄路線が開業した。

高速鉄道は、東京地下鉄道との直通を目論んでいたが拒否される。東京地下鉄道は品川へ延伸し、京浜電気鉄道（現・京急電鉄）との直通を望んでいたのだ。高速鉄道側は仕方なく新橋駅で隣にホームを設置した。

高速鉄道の専務だった五島慶太はこれを不服とした。京浜電気鉄道と東京地下鉄道の株を強引に買収。浅草〜渋谷間を繋げて今日の銀座線が完成したという逸話を残した。

銀座線もある意味では「チカラによって曲げられた」線路の一つといえるかも知れない。

江ノ島電鉄

江の島周辺は首都圏でも人気の高い観光地の一つ。湘南海岸の風景、鎌倉大仏や極楽寺などの社寺仏閣、古都の風情が残る鎌倉など、観光スポットを結んで走るのが江ノ島電鉄、通称〝江ノ電〟だ。

江ノ電の電車は、民家の軒先をすり抜けるようにして通り、腰越〜江ノ島間は道路上に線路が敷かれた併用軌道をゆっくりと走る。沿線は海岸近くまで山が迫る地形で、海沿いの狭い平地に線路が敷かれている。

江ノ島〜腰越間の龍口寺前交差点にあるR28のS字カーブは、日本の普通鉄道で最急のカーブである。ほかにも、鵠沼〜湘南海岸公園間に架かる境川橋梁の前後にも急カーブが存在する。周囲は住宅地であるため、電車通過時に車輪の内側にあるフランジとレール側

R28のS字カーブで
併用軌道区間へ出る

最急カーブは土木学
会選奨土木遺産に認
定されている

面が摩擦によって〝キーキー〟と鳴るのを防ぐ目的で、レールに散水して摩擦を低減させて音を抑えている。ほかにも江ノ電には急カーブが多い。

そんな江ノ電の急カーブが、どのような経緯でできたのか、江ノ電創設からの歴史を繙きながら探ってみようと思う。

江の島詣から海辺のリゾート地へ

鎌倉時代から人々の信仰を集めてきた江島神社は、日本三大弁財天の一つ・妙音弁財天などを祀る。江戸時代には江の島詣が人気を呼び、明治時代に入っても参詣は衰えず、明治20年（1887）7月、東海道線藤沢駅が開業すると「東海道線から人力車や境川（片瀬川）の乗合船に乗り継いで江の島へ渡る人々が後を絶たなかった」（『江ノ電の100年』より）という。加えてその頃は、西洋思想の流入で海水浴が盛んになった。明治20年から30年代にかけて、鎌倉、長谷、腰越、片瀬、鵠沼などが海水浴場に指定されるなか、明治24年（1891）、学習院が片瀬海岸を遊泳演習地に定めた。鵠沼には旅館や別荘が建てられ、江の島周辺は避暑地、行楽地としての名声が高まっていった。

鎌倉では、明治22年（1889）に横須賀線が開通して鎌倉駅が開業。同様に別荘地、行楽地として開発が進んだ。そのような状況下にあった明治20年代、日本初の民営鉄道である日本鉄道が好調な業績を収めたのに加え、日清戦争後の好景気から私設鉄道ブームが起きていた。「明治20年代末期、湘南地区に通じる鉄道の計画は、10路線を超え、その多くが横浜市内と江の島（片瀬）を結ぼうとするものであった。（中略）実業家たちが江の島を中心とした遊覧ルートの開発に将来性を見いだした結果といえよう」（『江ノ電の100年』より）。

多くの実業家が湘南地区の鉄道建設を画策するなか、鉄道建設を管轄する逓信省には、複数の会社から敷設出願があった。明治28年（1895）8月、鎌倉電車鉄道が横浜黄金町～鎌倉～片瀬～鵠沼～藤沢の敷設許可を出願。その約2カ月後には鎌倉鉄道が、横浜～金沢～鎌倉～片瀬～鵠沼～藤沢と、ほぼ同じルートで出願している。逓信省は明治30年（1897）、鉄道会議を開いて、競合する鉄道敷設出願を審査。

「鎌倉鉄道が予定線のうち横浜―鎌倉間を削除したうえで、藤沢―鎌倉間について認可の指示を受けている」（『藤沢市史』より）。鎌倉鉄道はルートを修正したうえで再度申請。翌年1月に仮免許状を受けた。これとは別に、地元選出の衆議院議員・福井直吉ほか4名により発起した「江之島電気鉄道」が明治29年（1896）2月、藤沢～鎌倉間の敷設を出願。道路上に敷設する軌道であったため、敷設出願は逓信省ではなく、神奈川県知事宛に出された。神奈川県議会では沿線の川口村（現・藤沢市片瀬）に意見を求めた。これに反対の意を表したのが、片瀬一帯にかけての土地を所有する地主であり、川口村議員も務めた山本庄太郎。「当村ニ鉄道敷設ハ希望スル処ナルモ、現在ノ通路ヘ電気鉄道ヲ布設スルトキハ道路狭隘ナルガ為メ大イニ交通上ニ害ヲ及ホス」（『藤沢市史』より）と意を表した。鉄道を希望するが狭い道路上に軌道を敷設すれば、交通上に害をおよぼすというのが理由だった。これを受けて川口村会は「鎌倉鉄道の建設予定があり、また軌道の敷設には道路が狭いことを理由に反対の決議がなされた」「村内にふたつの鉄道の必要性と狭隘な道路上への軌道敷設を疑問視したのであった」（『江ノ電の100年』より）という。

川口村会では厳しい見解を示したのに対し、境川対岸の鵠沼村会は好意的だったというが、川口村会もやがて敷設を容認する。明治31年（1898）12月、特許状ならびに命令書が時の内務大臣から公布された。同じようなルートに、鎌倉鉄道と江之島電気鉄道という、2つの路線が認可される事態に関してさまざまな推測がある。『藤沢市史』には以下の推測が記載されている。

「おそらく、福井は鎌倉鉄道に対して何らかの協定を結んで、認可を受けたものと思われる。さもないと同一軌道に対して二つの鉄道敷設が認可されたことになってしまうからである（中略）協定があったのではないかと察しているが現在のところそれらに関する資料は何にもない」とある。結果的に鎌倉鉄道は着工せず、明治32年（1899）8月に敷設免許状を返納した。

無償提供の土地を繋いでカーブを多用

江之島電気鉄道の建設計画が進展するなかで、藤沢の人力車夫たち約300人から反対抗議が起きる。「当時藤沢から江の島への主要な足は人力車であり、大師電鉄による川崎大師への参詣客が人力車を利用しなくなったことを藤沢の車夫たちは知っていたからである」（『藤沢市史』より）。

藤沢駅から江の島の間は人力車で40分を要するが、電車が通れば所要時間はわずか10分。車夫にとっては、人力車の通る片瀬街道に軌道を敷かれては死活問題となる。

この事態を収めたのは、前出の山本庄太郎。最初は軌道敷設に反対していたが、次第に理解を示し所有地の使用を認めた。これによって片瀬街道を通らないルートへ変更。自由党議員の仲介もあって、人力車組合との和解をみたという。

「点在する山本の所有地に敷設したために極めて曲線の多い路線となり今日に至っている」（『江ノ電の100年』より）。片瀬街道を避け、当時の村長より用地の無償提供があった鵠沼を迂回、山本から提供された土地を繋いで曲線の線路が敷かれたのが、江ノ電に急カーブが多い理由の一端である。

江之島電気鉄道は、明治33年（1900）11月に設立総会を開催。江之島電気鉄道株式会社が正式に設立。山本は、発起人代表の福井直吉とともに、江之島電気鉄道の初代取締役に就任している。

明治35年（1902）1月、藤沢〜片瀬間（現・江ノ島）間の第一期工事に着手。電車の電力源として、片瀬の大源太（現・藤沢市片瀬）に火力発電所を建設し、同年5月に竣工した。ドイツのシーメンス&ハルスケ社から電装機器を輸入し、軌道と電車線の架設も同年8月に完成。9月1日に藤沢〜片瀬が開業した。江之島電気鉄道はその後も延伸を続け、明治37年（1904）4月に、第二期工事区間となる極楽寺まで開業。明治40年（1907）2月、長さ209mの極楽寺トンネルを、全工程を人力によって掘り抜いて完成。トンネル抗口の藤沢方には、後に韓国統監となる曾禰《そね》荒助の揮毫で「極楽洞」の扁額が掲げられている。同年8月、線路は大町（鎌倉付近で現在廃止）まで延伸した。

江之島電気鉄道は、現在の若宮大路にある小町を終点と定めていた。大町から小町の間はわずか500mほどの延伸だったが、間に横須賀線を横断する必要があった。建設費を抑えたかったため、横須賀線との平面交差を望んだが、鉄道院は安全上の理由からこれを拒否。「横須賀線を高架化するので、その下を通せ」との要請があった。これが予想以上の経費拡大となった。工事費の3分の1のみを負担することで合意し、明治43年（1910）11月、横須賀

明治40年竣工の極楽寺トンネル

かつて江ノ電は横須賀線のガード下を通っていた

線の高架をくぐって、鎌倉・若宮大路の小町まで全線が開業する。

しかし莫大な予算をつぎ込んで全線開通してみたものの「輸送人員は9・9%減、運輸収入は12・6%減」（『江ノ電の100年』より）と振るわなかった。そこへ吸収合併の話が持ち上がる。

この時代、電力需要の増大によって電力会社が急成長。神奈川県では横浜電気が神奈川電気、箱根水力電気、横須賀電灯瓦斯を吸収合併していた。電気鉄道の運行に加え電力事業も営む江之島電気鉄道も吸収合併の対象となった。

江之島電気鉄道は、車両更新、水害対策などへの設備投資を必要としたが、延伸工事や水害からの復旧工事などで経費が嵩み、もはや設備投資は困難という状況だった。

明治44年（1911）7月、江之島電気鉄道は横浜電気に吸収合併され、同年10月に解散した。鉄道は横浜電気江之島電気鉄道部として営業継続。車両や設備の更新などが行われた結果「輸送人員は合併当時に比べて3倍に増加した」（『江ノ電の100年』より）。

ところが、第一次世界大戦の戦後恐慌が襲い、発電に欠かせない石炭価格が高騰し、横浜電気は発電量が低下する。やむを得ず、東京電灯より電力の供給を受けることとなり、やがては鉄道部門も東京電灯に吸収され、東京電灯江之島線となった。

江ノ島電気鉄道が発足

江之島電気鉄道が実際に線路を敷設し、基礎を築いたのとは別に、今日の江ノ電の礎となったのが東海土地電気である。明治31年に東海道線の茅ケ崎駅が開業。大正4年（1915）には相模鉄道（現・JR相模線）が茅ケ崎を起点駅として開業した。茅ケ崎は別荘地の開発も盛んで、発展著しかった。

横浜電気が東京電灯へ合併された頃、茅ケ崎から辻堂を経由して鵠沼へ。さらに辻堂から辻堂海岸間の鉄道を計画したのが陸軍少将で実業家の名和長憲。鉄道事業に加え、別荘地の不動産業も営もうという計画で、東海土地電気という会社を発起。大正10年（１９２１）6月には鉄道敷設免許を申請、翌年12月に免許を取得した。

「大正12年4月、沿線別荘地４百数十軒の居住者に宛てて株式募集の公告を配布、会社設立の準備に取りかかった」（『江ノ電の１００年』より）。しかし同年9月、関東大震災が発災。起業を断念せざるを得ない状況のなか、東京在住で新進気鋭の事業家といわれた和田喜次郎がこれを受け継いだ。和田は投資価値の高さを説いてまわり、多くの事業家の賛同を集めたという。

震災によって立ち消えになろうとした東海土地電気は再興され、大正15年（１９２６）7月に創立総会を開催。社長に就任したのは、東京電灯の経営権をも掌握していた若尾財閥の若尾幾太郎。最多の２０００株を取得していた。創立総会決議事項のなかで、社名は東海土地電気から江ノ島電気鉄道へ改められた。

江ノ島電気鉄道は、茅ケ崎～鵠沼間（後に片瀬へ変更）の茅ケ崎線に加え、鵠沼～大船間の大船線と藤沢～鎌倉間（不許可）、東京へ直行する大船～大崎間の路線を計画するも、大崎への線路は東海道線が存在することで却下された。大正15年12月に片瀬～大船間の鉄

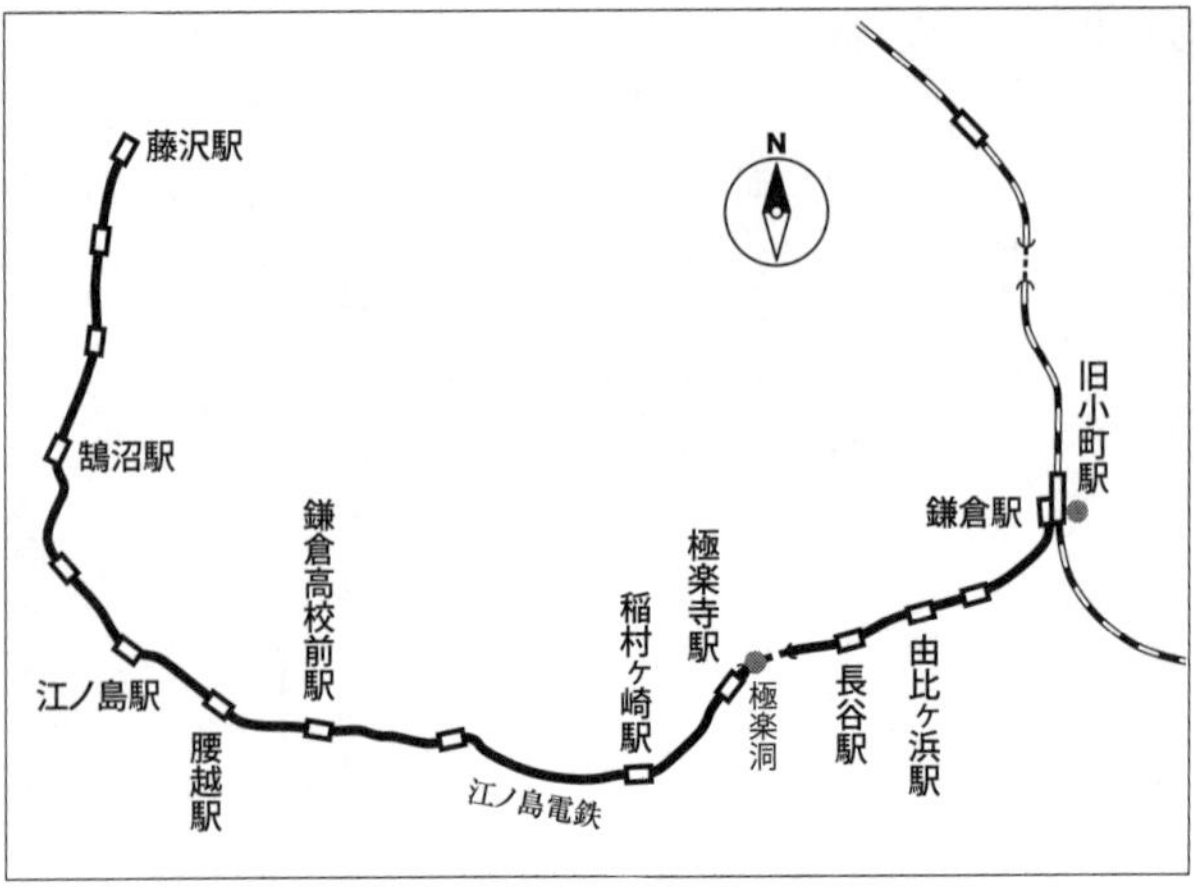

道敷設免許を取得している。

昭和2年6月、東京電灯は金融恐慌の影響から江之島線の譲渡を決定。11月には最初に申し出た実業家の小倉常吉への譲渡を決定していた。しかし、折しも翌12月に若尾幾太郎が東京電灯の取締役に就任。若尾は江之島線の買収先を江ノ島電鉄となるよう交渉した。これに対し小倉は、両社の経営に関わる若尾の立場を考慮、譲渡を辞退した。

昭和3年6月に軌道譲渡許可申請の許可を得、同年7月1日、江ノ島電鉄江ノ島線が営業開始され今日に至っている。江ノ電の歴史は存在する急カーブのように、まさに紆余曲折だった。

京阪電鉄京津線

京都市山科区にある御陵《みささぎ》駅と琵琶湖湖畔のびわこ浜大津駅までの７・５kmを結ぶのが京阪電鉄京津線。御陵駅で京都市営地下鉄東西線と接続し、京都市西部の太秦天神川駅との間で直通運転が行われている。地下鉄と共用する御陵駅は地下にあるが、びわ湖浜大津方面へ向けて出発するとほどなくして地上に出る。車内が明るくなって間もなく、電車は急激に速度を落とす。制限速度は時速30km。Ｒ73の急カーブで右に曲がりＪＲ東海道本線の下をくぐって左にカーブする。車輪のフランジとレールが擦れて発する騒音を減らすため、レールに散水しているのが見える。

その先も急カーブは続く。大谷～上栄町間にある逢坂山トンネルを出た場所には、ほぼ直角に曲がるＲ45の急カーブがある。ここでの制限速度は時速20km。電車は今にも停まり

R45の急カーブを通過。連結面のズレに注目

そうなスピードだ。急カーブとともに勾配もかなり険しい。追分～大谷～上栄町間では40‰がざらにあり、最急勾配は61‰である。上栄町を出ると間もなく路面区間に出る。この場所のカーブはR40と京津線最急だ。制限速度は時速15㎞でそろりそろりと道路上に出る。地下鉄を軽快に走っていた電車が、山道を走ったかと思えば、最後は道路上を4両編成でゴロゴロと走っている。

そんなバラエティーに富んだ京阪京津線。その誕生の理由は、明治時代初期、京都～大津間に敷かれた官営鉄道が関係している。

遠回りで敷かれた京津間の官鉄線

京阪神間の鉄道（現・東海道本線）は国によって敷設された。明治7年（１８７４）5月、大阪～神戸間の開業にはじまり、明治10年（１８７７）には京都まで延伸。さらに京都から大津までの区間もすぐに着工された。

京都～大津間は山科盆地を挟み、東山、逢坂山と2つの山地がある。官鉄は京都駅から南の稲荷山へ大きく回り込むルートを選択し、建設が難儀なトンネルを避けた。山科の南へ抜けた線路は、盆地の東端を通り、東海道（現・国道1号）に沿って逢坂山を越えて大津（膳所《ぜぜ》）へ抜ける道筋となった。

明治12年（１８７９）8月、京都から逢坂山手前の大谷まで開通。その先の逢坂山越えは全長６６４・８mの逢坂山トンネルが掘削された。日本人技術者のみで設計・施工された初のトンネルの完成で、大津までが翌年7月に開通、神戸～大津間が繋がった。ところが、官鉄が敷いたこの線路は京都や大津の人々に評判が芳しくなかったという。東海道から南へ大きく迂回しているし、そもそも京都駅が設置された八条は繁華街から離れていた。加えて大津駅は現在の浜大津駅の場所に設置され、馬場《ばんば》（現・膳所）まで行ってから

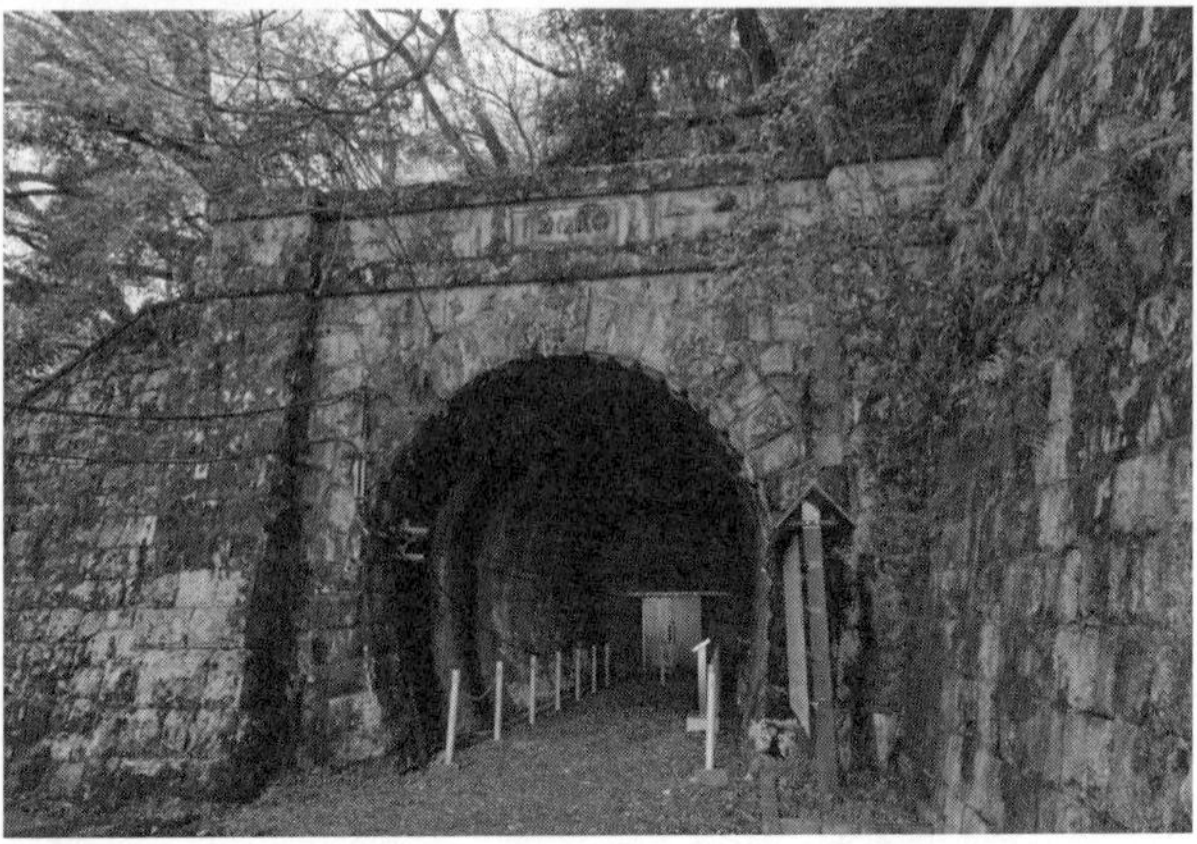
官営鉄道が明治13年に開通した逢坂山トンネル

スイッチバックして到達しなければならず、不便な要素が多かったのだ。

京津間を短縮する京津電気軌道が誕生

私設鉄道起業ブームが広がった明治20年代になると、京都と大津の中心地を直結する鉄道の敷設計画がいくつか持ち上がった。そのどれもが実現しなかったが、日露戦争直後の明治39年（1906）3月「大津市御蔵町と京都三条大橋東詰の大橋町（京都市東山区）間の軌道敷設を出願した」（『大津市史』より）。もともとは大津市長の村田虎次郎と商業会議所の間で持ち上がった京津電軌の構想で、これが広がったものだという。

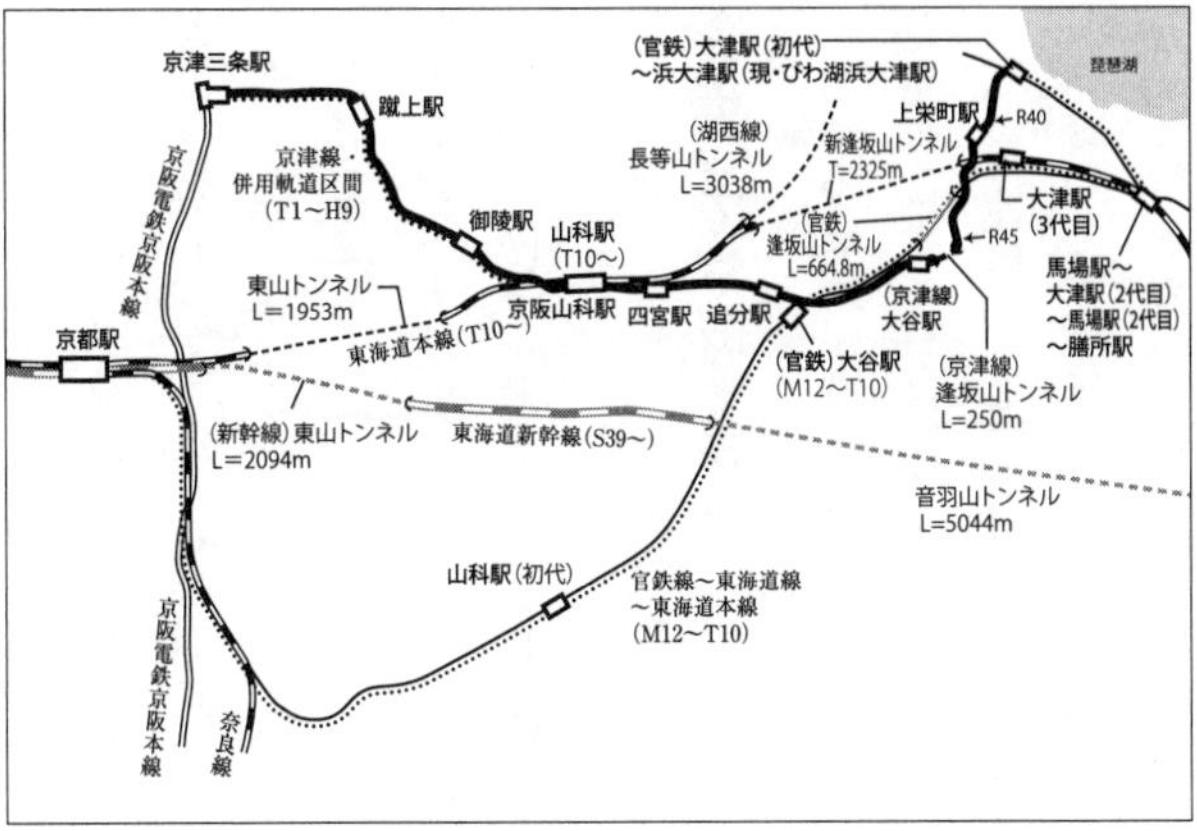

ところが、同区間に対する軌道敷設の出願が他社からも出された。京都電気鉄道（後の京都市電）と大阪の近畿電車鉄道の2社で、同一区間に３社からの出願となった。これに対し京都府はいずれも却下し、３社が合同で計画を進めるように勧告した。３社は交渉するが妥協が難しく、結果的に京都電気鉄道が京津電軌に合流することで話がまとまった。

明治40年（１９０７）１月、京津電軌に特許状が下付。明治43年（１９１０）３月に京都商業会議所で設立総会が開催され、京津電気軌道株式会社が発足。路線は翌年６月に滋賀県側から着工。12月に全長２５０ｍの逢坂山トンネルが貫通し、大正元年（１９１２）８月、古川町（後の東山三条・平成9年廃止）～大谷間、上関寺（現・県道

558号と交差する踏切付近・昭和46年廃止）～札ノ辻（現・京町一丁目交差点付近・昭和21年廃止）で開通した。上関地で切れているのは、この間にある官鉄との立体交差工事が間に合わなかったため。同年12月にはこれも完成し、京都と大津が軌道で結ばれた。

軌間は1435㎜を採用したが、もとは官鉄が避けた東海道沿いのルート。国道1号（山科以西は現・京都府道143号）沿いに、一部は併用軌道で敷設された。このため逢坂山トンネル付近にはR45という極めて急なカーブが、蹴上付近には旧信越本線横川～軽井沢間と同等の最急66・7‰という急勾配ができ、険しい山越えの路線となった。

合併して京阪電鉄へ

開業後は京阪電気鉄道（以下、京阪電鉄）、京都電気鉄道との3社による連絡乗車券を発売するなど、営業誘致を積極的に行った。

「三社連絡とは謳っても、大阪方面から京都の五条まで京阪電鉄、五条から五条大橋を西へ渡って木屋町通りまで歩き、そこから高瀬川沿いに走っている京都電鉄に乗って三条通まで行きそこから三条大橋を東へ渡って古川町まで歩いて京津電軌に乗り大津方面に向から、というのが当時の連絡なるものの実態であった」（『大津市史』より）。

乗り換えの便宜が図られたのは、大正4年（1915）10月、京阪電鉄が五条から三条へ延伸。大正8年（1919）5月には、京津電軌の三条大橋～三条間が完成し、乗り換えの利便性が向上した。

大津側では、札ノ辻から浜大津へと延伸するよう、大正11年（1922）に軌道の延長を申請（大正14年開通）。また、琵琶湖の西、安曇川上流（現・大津市葛川）に中村発電所（現・関西電力所有）を建設・稼働するなど、営業努力はあったが経営は順調ではなかった。さらに経営に対して不安材料となったのが、東京～神戸間で全線開通した東海道本線が、大正10年（1921）に新線に敷き直されたことだ。京都～大津間の所要時間を大幅に短縮し、大津駅が札ノ辻付近に移転されたことで、乗客が奪われると心配された。

京津電軌は大正14年（1925）2月、存続のために京阪電鉄と合併する。社内役員の一部からは、三条～出町柳間に敷設の申請をした京都電灯（現・叡山電鉄）との合併が有利との意見も出されたというが、京阪電鉄側も積極的だった。

「電気供給事業は電気会社に統一する方がよいとの合意のもとに、京津電軌の持っている電灯供給権を京都電灯に譲渡することにして京津電軌との合意談がまとまった」（『京阪百年のあゆみ』より)。

合併後、京阪電鉄は琵琶湖への観光・輸送事業の拡大に乗り出してゆく。琵琶湖は「近江八景」ともいわれ、関西有数の観光地だった。当時の琵琶湖の水上交通は2社によって担われていた。1社は、東海道本線開通以前、大津～長浜間の鉄道連絡線も担った「太湖汽船」。もう1社は、京阪電鉄がすでに株式の多くを取得していた「湖南汽船」である。また大津周辺には、現在の石山坂本線にあたる大津電車軌道があったが、この3社が合併して誕生した「琵琶湖鉄道汽船」を京阪電鉄は昭和4年に傘下に入れている。

昭和9年には、大阪の天満橋～浜大津間を、途中の三条大橋以外はノンストップで結ぶ特急「びわこ号」を運転開始。日本初の連接台車を採用した60形電車が用いられ、天満橋～浜大津間を72分で結んだ。

戦後は京都市東部の人口増加にともない、通勤通学輸送の比重が高まっていた。二条～醍醐間(現在は両端を延伸)に京都市営地下鉄東西線を建設する計画があり、京都府と京阪電鉄は昭和57年以来協議を重ね、御陵駅を地下に移設して地下鉄と接続する計画を進めた。

平成9年10月に地下鉄東西線が開通。京津線のうち京津三条～御陵間は廃止され、この

京津三条付近の軌道併用区間をゆく（昭和60年）

区間は開業から85年の歴史を閉じた。地下鉄への直通運転にあわせ、架線電圧は直流600ボルトから1500ボルトへ昇圧。車両は2両編成から4両編成の新型電車800系へと置き換えられた。

京津電気軌道が敷設した京津線は軌道法が適用されている。軌道法の軌道運転規則（昭和29年発効）、第46条には「車両を連結して運転するときは、連結した車両の全長を三十メートル以内としなければならない（後略）」とある。

京津線の800系電車は1両の長さが16・5mあり、4両では66mになる。これは法規則の倍以上だが、第2条の「（前略）ただし特別の事由がある場合は、国土交通大臣の許可を受けて、この規則の定めるところによらないことが

4両編成が堂々と交差点を曲がる姿は圧巻

できる（後略）」が適用されているのだろう。
今日では急カーブや併用軌道区間を走る姿が、
独特な光景を生み出している。

伊豆箱根鉄道駿豆線

伊豆箱根鉄道駿豆線は、伊豆半島の付け根に位置する三島から、伊豆半島の中央部を通り、川端康成の小説『伊豆の踊子』の舞台にもなった修善寺を結んでいる。中伊豆、西伊豆観光のアクセス手段として、また地元の人々の生活の足として利用され〝いずっぱこ〟の呼び名で親しまれる。

そんな駿豆線の電車に三島から乗車すると、発車して間もなく「この先三島田町までカーブが続き、大きく揺れる場合があります」と車内アナウンスが入る。電車の先頭で線路を眺めていると、並行する東海道本線から左へカーブして離れるが、その先に続くカーブの長いこと。角度でいえば１３０度ほども向きが変わる。やがて右カーブで方角を少し戻し、三島広小路に到着した。線路の敷き方は、まるで鉄道模型のレイアウトのようだ。

目指す修善寺は三島の南方にあるので、東西に走る東海道から方角を変える必要があるのは当然だが、この急カーブには訳がありそうだ。

御殿場廻りの東海道線ルートから外れた三島町

伊豆半島の付け根に位置する三島市。三嶋大社の門前町として栄え、江戸時代には東海道11番目の宿場が置かれた宿場町でもある。

明治時代に入って間もなく、東西の都を結ぶ幹線鉄道の建設が廟議決定されると、東海道沿いか中山道沿いかで、ルート選定に迷走した。東海道沿いに決着したのは明治19年（1886）になってからだった。

協議中にも調査が進められ、明治18年（1885）にはルートの調査・測量が三島に入った。三島の人々は、地元を通る箱根越えを強く訴えたが、箱根越えは地勢が険しく、工事が容易ではないとの判断により却下。代わりに御殿場を迂回するルートが選択された。

東海道線の横浜〜沼津間で敷設工事を担当したのが、鉄道技師の原口要。原口は東海道線から外れる三島町（現・三島市）に「停車場建設費の３千円を提供すれば、線路を三島の小浜山付近（現在の三島駅付近）に引きつけて設計する」と打診した。これに対し三島町の当局者や有志らは反応する者がなく、駅の誘致運動を中止してしまう。

「当時の三島宿民には未だに旧幕府徒歩時代の夢が忘れられなかったものか、新しい交通機関によって町の発展を願う者は数少なかった。（中略）旅籠は栄え宿場は殷賑を極めるとあってみれば陸蒸気と称される欧米風の乗物の出現には無関心であることが寧ろ当然であった」と『三島市誌』にはある。

実際には西に向かう東海道線が裾野駅から三島の町へ寄れば迂回になる。また、地形的にも不適当と判断されたのかも知れない。

明治19年、長泉村下土狩字薄原（現・下土狩駅付近）へ駅設置を請願するも時すでに遅く、明治22年（１８８９）２月に御殿場～沼津間が開業したが、三島に駅は置かれなかった。

私設鉄道ブームに乗り資本家が豆相鉄道を創設

東海道線が三島を外れて開業すると「箱根越えの貨客は全くあとを絶つという形容の如

く（中略）旅籠には今は泊る客とてもなく、昔日の殷賑は影をひそめて他の見る目も気の毒な状態であった」（『三島市誌』より）。

三島では駅の設置を幾度も請願するが、鉄道当局は冷淡な態度だった。委員たちの数十回にわたる陳情の回答は、「彼の薄原は地勢悪く停車場には適さない場所である。また強いて工事を行うには約二万円の予算を必要とする、故に伊豆中の物産年額十万円以上を貨物輸送する目途がなければ願意は聞き届け難いというものであった」（『三島市誌』より）。

これは逆に「負担に応じる資料があれば、願意は容認される」ともとれる。さらに陳情を重ねた結果「近く複線工事にも着手の予定であるのでその際には再調査の上詮議することもあり得るから、如何様に請願を行なっても無駄であるという挨拶である」（『三島市誌』より）。

同じ明治20年代には、民営会社の日本鉄道が成功を収め、巷には私設鉄道ブームが起きていた。資産家らは、各地の鉄道創設に盛んに投資を行った。

その流れに乗って明治26年（１８９３）、東京本郷の小山田信蔵（初代社長）を筆頭とした資産家が、豆相電気鉄道株式会社を創立した。

当初は小田原～熱海～三島～沼津間に鉄道を敷設する予定が、難工事が予想されたこと

下土狩駅前に初代三島駅との案内板がある

で変更。翌年5月に電気事業を断念し、豆相鉄道と改称して本格的な鉄道事業に乗り出した。計画したのは、沼津から三島町、南条（現・伊豆長岡）を経て大仁に至る路線だった。これを聞いた三島町では、渡りに船とばかりに「直ちに小山田社長と会見して、該線の起点を下土狩薄原に変更せらんことを陳情した」（『三島市誌』より）。

三島町の有志らは、起点を沼津から三島へ変更した場合には1万坪の土地を無償提供するとの条件を提示。これを受け、明治28年（１８９５）1月、三島町と豆相鉄道の間で薄原起点の契約が成立。豆相鉄道は明治29年（１８９６）5月に免許状を取得した。

ところが測量が開始されると、三島町内の停

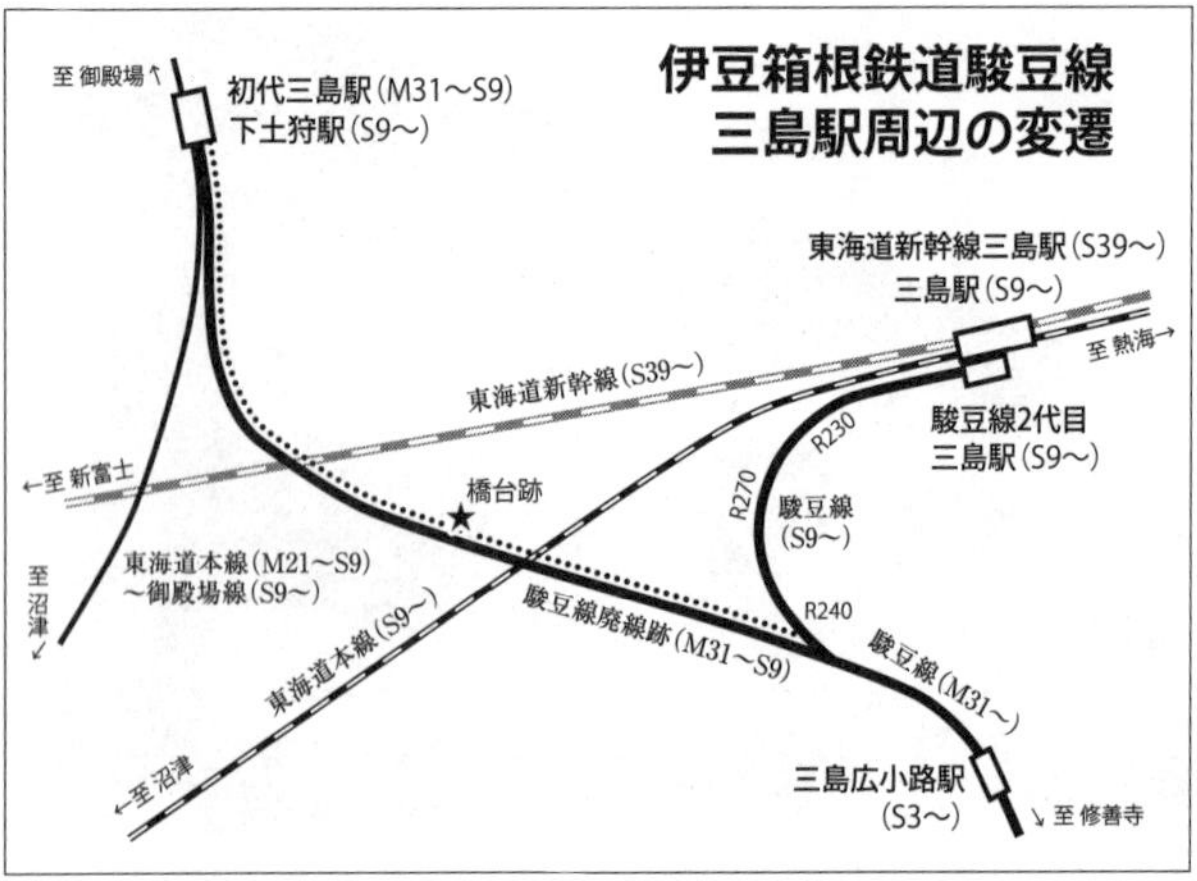

車場の位置をめぐり、町を東西に二分する争議が発生。争いは激化し三島町会は豆相鉄道との契約取り消しを議決、議長が引責辞任するなど紛糾は頂点に達した。

大正11年（1922）に書かれた『三島停車場由来記』で「嗚呼町民ガ十有余年間ノ苦心ト多大ノ費用ヲ以テ漸ク其目的ヲ達セントスルノ秋、此ノ枝葉タル私設停車場位置ノ為之ヲ水泡タラシメ又一人ノ顧ルモノナキハ如何ニ感情ハ伝ヘ当町ノタメ一大痛恨事ト云ハザルベカラザルナリ」（『三島市誌』より）と憂いている。

これには中立の立場にある関係議員と有志たちが深く憂慮した。状況を回復するための第三者的運動を行うことを決議し、なんとか東西両町を和解させることに成功した。三島町の市街地に設置される三島町停車場は、現在の三島田町駅に決定。当初の契約通り、敷地1万坪が無償で提供され工事に着手した。豆相鉄道は1年半の工期を経て、明治31年（1898）5月、まずは三島町（現・三島田町）～南条間が静岡県初の民営鉄道として開業。同年6月に三島～三島町間が開業し、東海道線と接続した。当時、東海道新幹線はもちろん、現在の東海道本線もまだなかった。三島の町内から現在の下土狩駅の南側までは、直線的に線路が敷かれた。

合併吸収を繰り返して存続

豆相鉄道は開業直後こそ好調だったが、数カ月で経営難が表面化したという。それでも明治32年（1899）に大仁まで延伸している。

鉄道開業は町の発展に大いに寄与するも、三島駅で接続する官営鉄道（当時は鉄道作業局）へ連帯輸送の保証金を滞納し、連帯運輸停止に追い込まれるほど経営は困難を極めた。その後は経営母体が目まぐるしく変わってゆく。

明治36年（1903）11月、豆相鉄道の名称はそのままに、伊豆鉄道へ営業権と資産を譲渡する。伊豆鉄道は地元資産家が豆相鉄道を援護する目的で組織された姉妹会社で、東京資本から地元資本主体へ切り替わっていった。明治40年（１９０７）、豆相鉄道は解散。正式に伊豆鉄道が発足したが、それも順調とはゆかず、明治44年（１９１１）10月、三島〜沼津間に軌道を運営した駿豆電気鉄道へ営業権が譲渡された。

温泉街との結びつきを感じる大仁駅の洗面台

駿豆電気鉄道は大正５年（１９１６）10月に富士水力電気に吸収合併された後、同年12月に設立された駿豆鉄道へ営業権を譲渡。翌年11月に駿豆鉄道が正式発足した。続いて大正９年（１９２０）に全線電化し、同13年には大仁から修善寺へ延伸し全通する。

現在の東海道本線開業で急カーブが誕生

豆相鉄道が伊豆鉄道を経て駿豆鉄道へ変わる間、東海道本線は御殿場廻りから湯河原、熱海経由へ切り替える工事が着手されていた。最大の難関だった丹那トンネルが16年の歳月をかけて昭和９年３月に完工。12月１日に運行開始した。新たな東海道本線には鉄道省の三島駅が開業。御殿場廻りの旧本線は御殿場線となり、三島駅は御殿場線の下土狩駅となった（駅名は10月１日に改称）。駿豆鉄道は下土狩駅へ向かう線路を廃止、新たな三島駅へ向かう線路を引き直した。

既存の線路は三島広小路駅の少し北からは、南東方向から北西方向へ敷かれ下土狩駅を目指していた。新たな三島駅への線路は、その途中からほぼ東西方向に通る東海道本線に沿うように敷設された。その距離は約１㎞で、短い距離の間に大きく方角が変わるため、急カーブが設置されることになったのだ。

旧線から分かれる箇所はR２４０になり、中間にR２７０を挟んで最後はR２３０で三

旧線との分岐地点の案内板が歴史を伝えている

島駅構内に入る。冒頭の「カーブが続き、大きく揺れる場合があります」の車内アナウンスは、こんな線形があるためだ。

駿豆鉄道は昭和13年4月に駿豆鉄道箱根遊船に改称するも、昭和15年11月に元の駿豆鉄道へ名称変更。昭和32年6月には現在の伊豆箱根鉄道となった。

戦後になって東京駅発着の準急「いでゆ」や「あまぎ」が、昭和56年には特急「踊り子」が乗り入れを開始。特急「踊り子」は現在も運行し、観光客に利用されている。会社は平成17年に西武グループの一員となり現在に至っている。

コラム

カーブを表す「曲線標」の見方

保線や列車運転などの目標とするため、本線の脇に置かれた各種の標識を「線路諸標」と呼ぶ。線路諸標の一つで、線路の平面曲線（カーブ）を表すのが〝曲線標〟だ。ほかにも緩和曲線の始点や円曲線の終点に立てる逓《てい》減《げん》標《ひょう》もあるが、ここではメインとなる曲線標の見方を解説する。

【曲線半径（m）】

曲線標は、三角柱の3面ある側面に、それぞれ数字やアルファベットで書かれている。もっとも広い面に書かれた数字が曲線半径。カーブに入る手前に向いて設置されている。曲線半径はカーブの中心となる円曲線の半径を表している。数値が小さくなるほどカーブが急になる。

広い面の数字は曲線半径を示す

残る2面にはその他の数値が入る

コラム

【C＝カント（㎜）】

カーブした線路で、もしも両側のレールの高さが同じであれば、遠心力と重力の合力の作用点が軌間から外れてしまう。走る列車の重さと速度によっては、列車はカーブの外側へ転倒しようとする力が働くだろう。これに対し、外側のレールを高くすれば、遠心力と重力の合力の作用点が軌道の内側に入り、列車は安定して走ることができる。このように、カーブした線路の外側を高くした場合の量（高さ）をカントと呼ぶ。カントの量は列車の速度で決められる（図1）。

【S＝スラック】

鉄道車両は2軸以上の車輪でレールに載っているため、カーブのところで車輪の幅ギリギリの軌間にしてしまうとスムーズに走ることができない。このためカーブ区間では、正規の軌間よりも若干広く、余裕をもって敷かれている。この広くとる量をスラックといい、在来線の場合はR600以下の曲線に最大30㎜で設けられる（図2）。

【TCL＝緩和曲線長】

直線からカーブに入る際、急にカーブに入れば線路や車両に大きな負荷がかかり、乗り心地や施設へのダメージを与えてしまう。その移り目を徐々に緩やかに曲げてやれば、滑らかにカーブへ入り、また出ることができる。このような、主となる円曲線の前後に設けられたアプローチの曲線を緩和曲線と呼ぶ。緩和曲線長は、その長さを表す。

【CCL＝カーブ全長】

緩和曲線を含めたカーブ全体の長さを表す。

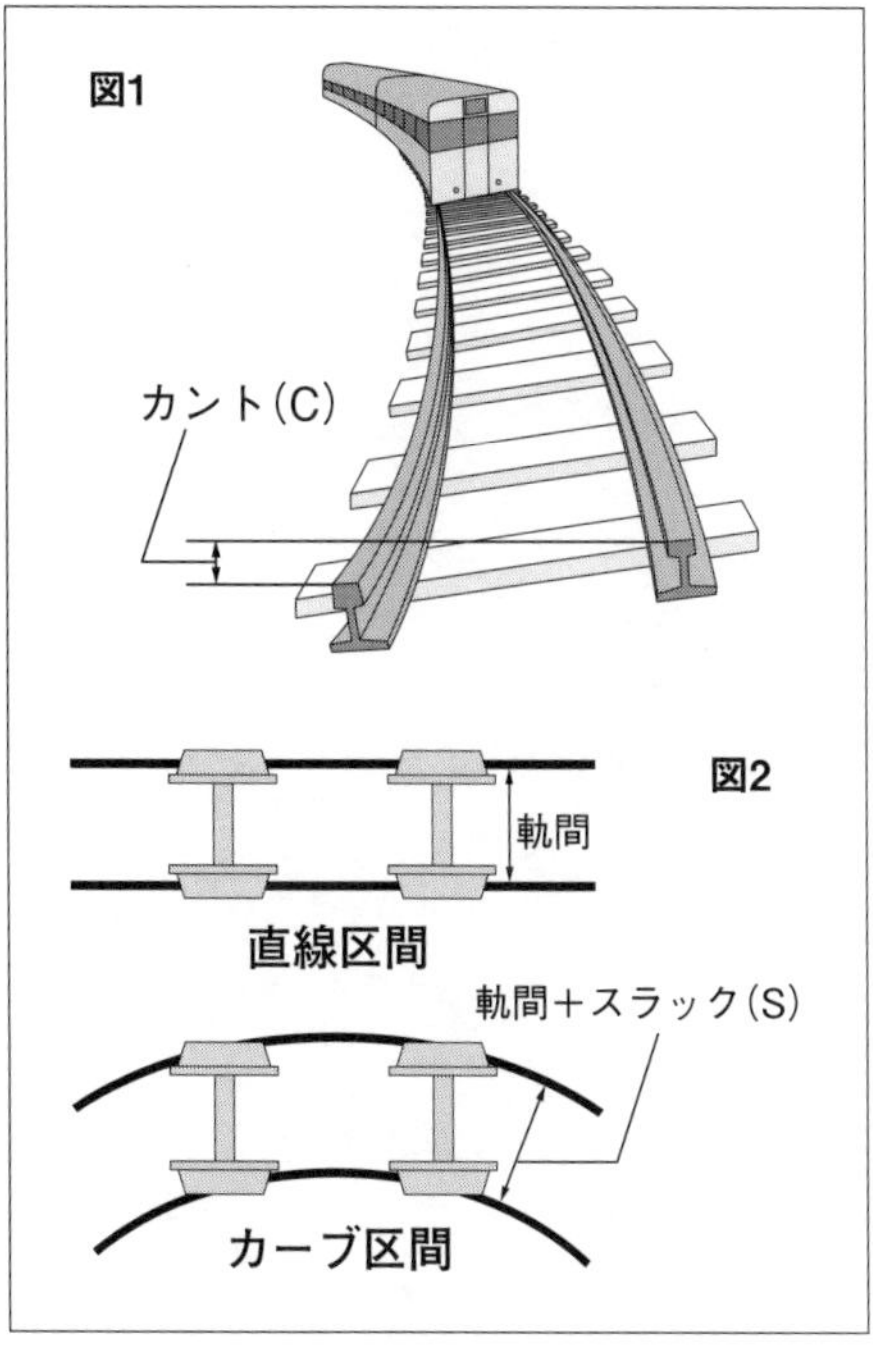

第3章

川の流れに忠実に

アップダウンが比較的少ない川沿いや谷筋は、鉄道敷設のルートとして選択肢に入る。また大きな河川は、古くより舟運の交通路であり、舟運に代わって鉄道が敷かれた路線もある。トンネル建設と比較すれば、長い橋梁を架ける技術は発達が早かった。しかし長大な橋梁は膨大な建設費用と工期を要する。鉄道は国家プロジェクトであったが、財政難などで、やがて民間に託すようになる。

とりわけ地方の鉄道は、建設の容易な軽便鉄道を国が後押しして民間での建設を促した経緯がある。地域の有力者や、在京の資本家などが出資、株を募集して敷設されるケースもあり、財源が限られるなか、建設費用を抑えて敷設された地方路線も多い。

大きな橋を架橋すれば、直線的に越えられる反面、建設費が嵩む。建設する橋をできるだけ短くしようとして、蛇行して流れる川の地形を忠実になぞってゆけば、必然的にカーブが多くなる。また、急流が深い谷を形成する地形では、上流まで大きく迂回してから、やっと小さな橋梁で越える。建設費削減の努力は涙ぐましいものがある。

本章では、主に小さな民営会社が、地形と相談しながら工夫して敷設した、川沿いの線路を取り上げる。

狭隘な断崖を縫って走る黒部峡谷鉄道

わたらせ渓谷鐵道

わたらせ渓谷鐵道は、両毛線の桐生駅から栃木県日光市の間藤駅までの44・1㎞を結ぶ。路線名が表すように、渡良瀬川の渓谷を縫うように敷かれている。週末や観光シーズンに運転されるトロッコ列車が人気だ。線路は蛇行する川沿いに敷かれたため、全線にわたり急カーブが多い。大間々駅から「トロッコわたらせ渓谷号」に乗車し、急カーブの様子を眺めてみた。

わたらせ渓谷鐵道では、ディーゼルエンジンを客車の床下に装備して自走するディーゼルカーを使用する。唯一例外なのが「トロッコわたらせ渓谷号」で、ディーゼル機関車が、無動力の客車をけん引する客車列車だ。客車4両のうち中間の2両がオープンエアーのトロッコ車両で編成されている。列車は大間々を出るとすぐに、車窓右手に三角形の構造物が見えてくる。高津戸峡に架かる歩行者専用橋「はねたき橋」である。河原は見えないが渡良瀬川は近くを流れているのだ。

住宅地を抜けて、Ｒ１６０の左カーブで、北から西北西へ大きく方角を変えたところで、渡良瀬川の渓谷沿いへ出る。渓谷の地形をトレースするように、Ｒ１６０〜２００代のカーブを繰り返しながら渡良瀬渓谷を遡ってゆく。

しばらく渓谷の風景を眺めていると、「上神梅《かみかんばい》駅の木造駅舎は大正元年に造られたものです」と車内アナウンスが入る。百年駅舎の上神梅を通過すると、最初の右カーブはＲ１５２という急カーブだ。車輪内側のフランジと、線路との間に発生する摩擦により、車輪が〃キーキー〃と鳴る。

本宿の前後では、木立の間に渡良瀬川の清らかな流れを望む。オープンエアーのトロッコ列車は、渓谷を吹く風が吹き抜けて爽快だ。列車は神戸《ごうど》駅までの間、Ｒ２００代を中心に、Ｒ１６３、１６４など、半径２００ｍを割り込んだ急カーブが続いている。

ホーム１面があるだけの小中駅を通過してしばらく走ると、「進行方向左手側に地蔵滝という滝がご覧いただけます。小さく見える滝ですが落差70ｍあります」との車内アナウンスが入る。地蔵滝は第１神土トンネル（全長１０３ｍ）と第二神土トンネル（全長

123m）間の斜面に流れ落ちる、水しぶきがトロッコ列車の座席にまで降り注ぎそうなくらい近い。

清涼感のある滝を眺めて通ると、列車は沿線観光の中心駅でもある神戸駅に到着。春には駅構内に植えられたハナモモが咲き誇り、桃源郷のような景色を見せる。また、画家で詩人の星野富弘氏の作品を展示する富弘美術館の最寄り駅で、アクセスする観光客も多い。

そんな神戸駅を出ると「列車は間もなく草木トンネルへ入ります、草木トンネルは全長5242m。列車通過まで7分ほどかかります」の車内アナウンスが入る。もとは渡良瀬川沿い

流れは細いが落差が大きい地蔵滝をかすめて走る

に走っていた線路が、草木ダムの建設に伴ってトンネル内へ移設された区間だ。切り替えられたのは国鉄時代の昭和48年6月のこと。ダムは昭和52年に完成している。川沿いをカーブの連続で進んでいた線路は、長大なトンネルで次の沢入《そうり》駅手前まで一気に貫かれている。

草木トンネルへはR４００の左カーブで進入。そのままR４００のカーブが続いたあとは約３㎞の直線区間、残りの約２㎞はR８００の緩い右カーブとなる。トンネルを抜ければ、全長１９６ｍの渡良瀬川第一橋梁で渡良瀬川を越える。川といっても流れはほとんどない。草木ダムで堰き止められた草木湖の上だからだ。

暗闇を抜けて到着した沢入駅の標高は約４６９ｍ、神戸駅は標高約３３４ｍ。差し引いた標高差は１３５ｍで草木ダムの堤高１４０ｍと同程度の高さになっている。トンネル内の勾配は22・２‰である。沢入駅からは再び渓谷沿いのルートに戻る。大正元年（１９１２）に開業した区間であり、草木トンネルが建設された昭和40年代との技術の差が歴然と見えてくる。

もっとも車窓風景に関しては、自然の地形に逆らわずに敷かれた区間の方が断然楽しい。「沢入から原向までのおよそ５㎞は鉄道沿線でもっとも渓谷の美しい区間で四季折々の景色を楽しませてくれます（中略）渓谷のなかに点在する大きな白い石は地元特産の御影石です」と説明が入る。

沢入～原向間には〝坂東カーブ〟と呼ばれるR144の最急カーブがある。このカーブは、国鉄～JR線のなかで最急カーブだった。わたらせ渓谷鐵道開業30周年の際には、イベントの一環としてライトアップが行われた。

トロッコ列車は車輪を軋ませて、渓谷沿いの急カーブを走り抜け、やがて通洞を経て終点の足尾へ到着した。かつて日本一の鉱都といわれた足尾。レンガ積みの古びた変電所跡や、ナックシーと呼ばれる沈殿槽の跡など、沿線風景にもその名残が見られる。
もとは足尾銅山の銅を運ぶのを目的に、民営の足尾鉄道に

よって敷設されたわたらせ渓谷鐵道。全線開通したのは大正３年（１９１４）８月で、国有化を経た後にＪＲ東日本の路線となり、平成元年に第三セクター「わたらせ渓谷鐵道」としてスタートを切っている。銅鉱山の歴史も遡り、路線が敷設された経緯を辿ってみようと思う。

江戸時代からの銅山へ古河財閥が進出

江戸に幕府が置かれて間もない慶長15年（１６１０）、足尾に銅鉱脈が発見され、足尾銅山の本格的な開発が始まった。銅山は幕府の直轄となり、延宝4年（１６７６）からの12年間は年間１２００〜１５００ｔの銅を産出。足尾銅山は世界一といわれた。

この頃の銅山からの輸送路は、渡良瀬川沿いを通る銅街道がメインだった。現在のわたらせ渓谷鐵道に近いルートで、銅は荷車に積まれて大間々まで運ばれ、大原（現・太田市大原町）を経て、平塚（現・伊勢崎市境平塚）から利根川の舟運を利用して江戸へ運ばれていた。

その後、足尾銅山は渡良瀬川の水害や大火などで一時廃れるも、明治維新後の明治10年

（１８７７）に古河財閥の創業者・古河市兵衛が経営権を買い取る。古河は渋沢栄一や陸奥宗光の資金援助を頼りに、新しい鉱脈の発掘と一度廃坑となった本口坑の再開発を行い、採掘量が一気に増大した。また、ダイナマイトの使用や、馬車軌道による運搬など、新技術も取り入れて事業拡大に成功している。経営開始直後の明治10年には49ｔほどだった生産量は、明治19年（１８８６）には４３６１ｔと、飛躍的な増加を見せたという。

日光線開通による輸送ルートの変更

明治23年（１８９０）に日光線（宇都宮～日光間）が開業。足尾銅山の生産物は、銅街道から、足尾北部の細尾峠を越えて日光駅へ送るルートへ切り替えられた。日光駅で貨車に積み替え、東京本所の精錬所まで送るルートだ。

古河は明治21年（１８８８）に細尾峠を越える鉄道を計画するが、実現しなかった。これに代わり明治23年、日本で最初の鉄索（ロープウェイ）が細尾峠を越える足尾地蔵坂～細尾間に建設された。翌年には、鉄索に接続する馬車鉄道を足尾から地蔵坂まで敷設。また明治26年（１８９３）には、細尾にある足尾銅山出張所と日光駅前を結ぶ牛車軌道が開通し

馬車鉄道時代の橋台が残る

た。こうして足尾から日光駅までが峠の鉄索を挟んで軌道で結ばれたが、馬車や牛車、鉄索を中継しながらの輸送は効率的とはいえなかった。

細尾峠越えとは別に、銅街道の沿道に鉄道を敷設する計画は古くからあった。古河が明治21年、大間々～足尾間に電気鉄道の敷設を計画したのを筆頭に、明治29年（１８９６）には両野鉄道が敷設を計画。これは前橋を起点に、大胡を経て大間々までと、分岐して一本は南下して太田に、もう一本は渡良瀬川を遡り、足尾から細尾峠を越えて、現在の国道４６１号沿いに矢板まで至る路線だった。

「しかしながら、この鉄道企画は足尾以北の敷設計画があまりにも膨大であるという理由で、明治三十年六月に不認可となった」（『大間々町誌』より)。

両野鉄道の計画が頓挫した翌年の明治31年(1898)、古河は支線部分だけを切り離したうえ、北への路線を足尾までとして、足尾鉄道株式会社の設立願書を提出した。翌年4月、政府の指示により太田への路線を削除し、設立願書を再提出。5月には仮免許が下付される。しかし、これも実現に至らなかった。続いて明治35年(1902)5月、古河の側近で足尾銅山の鉱業所長だった近藤陸三郎が、大間々~足尾間に足尾鉱業鉄道の設立を企て、仮免許状を申請。仮免許状を得たがまたもや敷設に至らずと、計画が立ち上がっては消えていった。明治42年(1909)2月、近藤は社名を足尾鉄道に改め、4月に設立総会を開催。翌年1月「渡良瀬川の河床を土砂採取などで破壊しないこと」を条件に免許状が交付された。

同じ時代、銅の精錬、精製時に発生する排煙や排水に鉱毒が流れ出、環境に深刻な被害が発生していた。鉄道計画がなかなか実現しなかった背景には、環境被害を受けた住民への国の配慮があったからではないだろうか。

足尾鉄道の開通から日本一の鉱都へ

足尾鉄道の工事は直ちに着工されるが、明治44年（1911）12月、群馬県会から工事中止の建議書が出されてしまう。

「工事ノ実況ヲ見ルニ天然ノ堤塘タル沿岸ノ崖ハ切崩サレ為メニ川幅ヲ狭メ河底ニハ土砂・岩石堆積スルノ状況ナリ」（『大間々町誌』より）免許状の条件を無視したというのだ。県の土木技手が工事状況を監視するなどして工事は再開。ようやく大正元年9月に神戸まで、12月に足尾まで竣工し、同月31日に桐生〜足尾間が開業した。大正3年8月には足尾本山（平成元年廃止）まで全通している。

開業間もない大正2年（1913）10月、鉄道院は足尾鉄道を借り上げ、大正7年（1918）10月には買収され国有化。鉄道院の足尾線となった。

足尾銅山は鉄道開業を受けて、銅の搬出量が3倍に増加。銅山が最盛期を迎えるなか、大正5年（1916）に足尾の人口は3万8000人を超えた。日本一の鉱都の名にふさわしく、栃木県内では宇都宮に次いで、第2位の人口を誇る町として大いににぎわったという。

貨物輸送が大きな目的だったこと、また大正時代の技術で敷設され、自然の地形に逆らわずに敷設されたことが、わたらせ渓谷鐵道に多くの急カーブをもたらした。トロッコ列車に乗って、渓谷の風と同時に急カーブの様子も楽しんでみるのはいかがだろうか。

鉱山住宅を眺めて走る

JR飯田線

東海道本線豊橋駅と中央本線辰野駅を結ぶ飯田線は、全線195・7kmに94の駅がある。単純に計算すると、およそ2・1kmに1駅の割合だ。もと国鉄だったJR路線は一般的に駅間距離が長く、飯田線の駅間の短さは私鉄路線のイメージに近い。それもそのはず、もともとは4社の私鉄路線を統合し、1本に繋いだ経歴をもっている。

飯田線は、全線にわたり急カーブが多い。秘境駅が点在する大嵐駅から天竜峡駅の間はR200の急カーブが連続。さらに天竜峡駅から駒ケ根駅の間には、R160やR140という、かなりキツい急カーブが多く存在している。

大嵐～天竜峡間のような川沿いならば、川に沿って線路が敷かれるだろうから、急カーブが多くなるのは理解できる。しかし、飯田線北部の地形は平坦と思われる盆地である。

この区間に急カーブが存在するのはなぜだろうか。カーブの様子を見るために、飯田線を訪ねることにした。

急峻な谷間の田切地形

新宿から乗車した特急「あずさ」を岡谷で下車すると、跨線橋を渡った0番線ホームに飯田線の電車が待っている。車体に引かれたオレンジ色のラインはJR東海のコーポレートカラーだ。ここ岡谷から辰野までの間は中央本線の一部(辰野支線)で、JR東日本の管轄。辰野から先の飯田線はJR東海の管轄だ。辰野駅が2社の境界となるが、特急列車も停車する岡谷(一部は上諏訪、茅野)までJR東海の車両が乗り入れて利便性が図られている。

辰野駅から飯田線に入り伊那市駅を出ると、沢渡～赤木間に40‰という飯田線最大の急勾配がある。この急勾配を上って藤沢川を渡れば、再び33・3‰という急勾配へ入る。坂を上りきると、車窓右に中央アルプス、左にはやや遠くに南アルプスの山々が広がってくる。

中央アルプスと南アルプスに挟まれた、伊那盆地は「伊那谷」と呼ばれる。飯田線はこの伊那谷に沿って南北に走る。谷の底部を貫流する天竜川は、伊那谷全域に河岸段丘を形成している。沢渡〜赤木間で急勾配を上ったのは、飯田線が河岸段丘を一段上ったからだ。

伊那谷の河岸段丘は、中央アルプスを源流とする支流によって深く削り取られ、南北に続く段丘が分断されている。これは「田切」と呼ばれる地形で、伊那谷の特徴的な地形である。飯田線には「田切駅」の駅名があるほか「大田切」「中田切」「与田切」など、中央アルプスから流れる支流の河川名にも「田切」の名称が見られる。問題の急カーブはこれら田切地形が関係している。

伊那福岡駅を過ぎると、いよいよ田切地形を走る区間だ。電車はR２００のカーブで一度左にカーブした後、踵を返すようにして右カーブに入る。R１４０の急カーブは、その少し先。キツい右カーブに車輪が〝キーキー〟と音をたてる。進行方向を南から西へ変えると、束の間ばかりの直線区間。車窓左には中田切川が木々の間から眼下に見えてくる。電車は川の上流へ遡っているが、25‰の急勾配で川岸へ下っている。田切地形のえぐられた谷の急峻さがうかがえる。川岸が迫る手前で反転するように、今度はR１４０で左カーブ。すぐに直線に戻して中田切川を渡ると、再びR１４０の左カーブで南西から南東へ90

田切地形を代表する中田切橋梁をゆく（昭和62年）

度近く進路を変える。谷を大きく回り込むようにして、田切地形をクリアしたのだ。右にカーブして田切駅に着く頃には、谷へ入る前に進んでいた方角に戻っている。平坦と思われた盆地に潜む急カーブの理由は、このような田切地形の克服にあったのだ。

現在ならば、長い橋梁で谷を直線的に跨ぎ越すが、当時は橋を築くのも一大工事。なるべく川岸を上流へ遡り、橋梁の長さを短く、水面からの高さを低くしている。

同じような田切地形を形成する太田切川では、宮田駅と大田切駅の間で谷を越える。こちらは直線で通され、太田切川橋梁自体の長さは196m。宮田側には長い盛土が築かれている。現在では容易な施工に見えるが、当時は一大工事となったようだ。大正３年（１９１４）３月30日の信濃毎日新聞がその様子を報じている「大田切鉄橋は実に壮観なるものにて、延長六百尺、この工費六万六千円にして、ピーヤ九本は何れもみかげ石を以て積み、高さ四十二尺余あり。人夫三百八十名は土工あり、石工ありて、恰も戦場にあるか如き観あり。通行人の傍観するもの絶えず、人の垣を築きつつあり」（『駒ヶ根市誌』より）。記事中のピーヤは橋脚を示し、高さは12・7mという。さらに『駒ヶ根市誌』には、「この難所の工事は、大正二年十月二十日ごろ着手しているが、鉄道院の検査は翌三年十月二十日過ぎであった。宮田・赤穂間の工事に約一年間を要したことになる」と

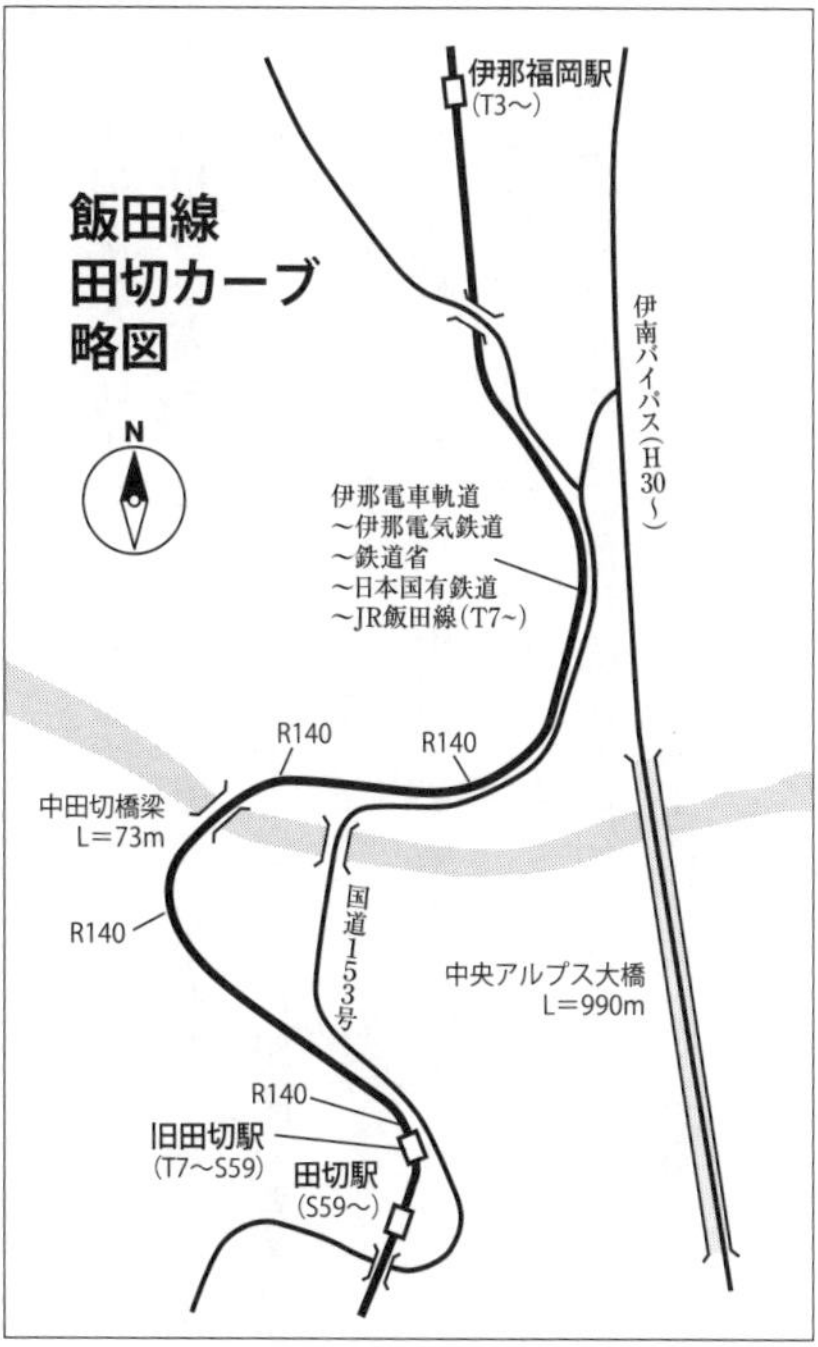

ある。

飯田線が中田切川の谷へ直線的に架橋しようとすれば、600m程度の長さが必要で、橋脚も相当な高さになるだろう。橋の前後を盛土とした場合でも、当時は相当な大工事になっただろう……と、太田切橋梁の様子から想像できる。先ほど渡った飯田線の中田切橋梁の長さは、わずか73mである。

これと比較できるのが、中田切橋梁から約800m下流に架けられた「中央アルプス大橋」。平成30年に開通した伊南バイパスの橋梁だ。橋長990m、高さ40mで直線的に田切地形の谷を跨ぐ。飯田線が中田切川を渡ったのは大正7年（1918）2月だから、ちょうど100年の差を2本の橋梁に比較して見ることになる。

幹線計画から2度外れる

飯田線は4社の私鉄を統合し、1本に繋いだ路線と最初に述べた。南から豊川鉄道（豊橋〜大海）、鳳来寺鉄道（大海〜三河川合）、三信鉄道（三河川合〜天竜峡）、伊那電気鉄道（天竜峡〜辰野）の4社だ。それぞれ敷設目的も開業時期もまちまちだったが、昭和12

年8月、難工事だった三信鉄道が開通し、豊橋～辰野間が結ばれた。

このうち田切地形に線路を敷設したのは、最北の伊那電気鉄道である。「伊那電車軌道」として、明治42年（1909）辰野～松島（現・伊那松島）間に軌道線を開業したのがはじまり。民間資本により、工事費を節減しながら、田切地形は急カーブで克服している。

ここではいったん飯田線の旅を離れて、伊那電気鉄道の足跡を辿ってみたい。伊那谷の鉄道敷設計画は明治初期の中山道幹線計画まで遡ってゆく。

明治2年（1869）11月、政府は東京と京都を結ぶ幹線と、東京～横浜間、京都～神戸間および琵琶湖畔から敦賀までの3本の支線、計4路線の鉄道建設を廟議決定する。東西両京を結ぶ幹線は、東海道沿いと中山道沿いが比較検討された。直ちに決定されなかったが、鉄道局長官の井上勝は、街道が整備され舟運も発達している東海道へ鉄道を通すより、開発の遅れている内陸部へ線路を通せば経済効果が大きいと考えていた。中山道沿いの「中山道幹線」は有力視され、英国人技師のリチャード・ボイルなどにより、ルートの調査・測量が幾度も重ねられた。明治16年（1883）8月に中山道幹線の着工が内定。工部省に測量と工事準備を指示。同年10月に敷設が正式決定し工事が開始された。12月には「中山道鉄道公債証書条例」が出され、資金面での準備も整えられている。

そんななか明治17年（1884）6月、工部卿の佐々木高行と部下2人が伊那谷を訪れた。中山道幹線のルート候補地視察のため、美濃地方から伊那谷へ調査に入ったのだ。

その少し前のこと。「明治十七年五月には、上伊那郡長と人民総代は、人夫五〇、〇〇〇人の献納願いを提出し、下伊那郡からも同様に提出した。これに対して木曾郡は人夫三〇，〇〇〇人の献納請願が出され、誘致運動が始ったのである」（『駒ヶ根市誌』より）。中山道は木曽谷を通るため「鉄道は伊那谷へ」との思いがあったのだろう。しかし、明治19年（1886）7月、明治政府は東西両京を結ぶ幹線を、中山道から東海道へと急きょ変更する。実際に工事を進めるなかで、山岳地帯の中山道沿いはあまりにも地勢が険しかったのだ。

それから8年後の明治25年（1892）6月、国が敷設すべき鉄道路線を定めた鉄道敷設法が公布。現在の中央本線にあたる「神奈川県下八王子、若ハ静岡県下御殿場ヨリ山梨県下甲府及長野県下諏訪ヲ経テ伊那郡若ハ西筑摩郡ヨリ愛知県下名古屋ニ至ル鉄道」が示された。文中の「西筑摩郡」とは木曽のこと。中山道幹線の夢が過去となるなか、「伊那か木曽か」両地域で鉄道誘致運動が起きた。

伊那谷の誘致運動の中心は飯田町（現・飯田市）の有力者たち「伊藤大八・伊原五郎兵

衛（先代）らが代表的人物であった」（『上伊那誌』より）。しかし、誘致運動は功を奏せず「明治27年（１８９４）６月第６回帝国議会は法律第６号を以て、木曽線の選択を可決した」「理由は伊那線は地理甚だ悪く、木曽線に比し工事費に壱千万円の多額を要すること、及び名古屋への最短経路でないとのことであった」（『上伊那誌』より）。誘致合戦に敗れた伊那谷の有力者たちは「辰野駅から飯田町まで中央線の支線の敷設運動を、伊藤大八代議士に依頼して起こした」（『駒ヶ根市誌』より）。

結果的に支線誘致は叶わなかった。しかし、鉄道に対する熱意は中央線（後の中央本線）で最後まで未開通だった岡谷～塩尻間において、塩尻峠をトンネルで貫く予定を、辰野経由に大きく迂回させた。「鉄道の一角でもよい、伊那を通そうと、当時政友会の有力代議士であり、鉄道局長であった伊藤大八を先頭として運動を進めた」（『上伊那誌』より）。辰野支線が「大八廻り」と呼ばれるゆえんである。

伊那電車軌道が創設

伊那谷では、飯田への支線が却下された後、私設鉄道による敷設の機運が高まった。「伊那谷に伊那人による電気鉄道布設の声が上り」（『駒ヶ根市誌』より）「明治28年12月会社設立のための企業目論見書及び仮定款を作成し、内務大臣に請願した」「創立委員は伊原五郎兵衛・辻新次他13名であった」（『上伊那誌』より）。

しかし、日清戦争の影響で経済状況が悪化、敷設許可が出たのは明治32年（1899）2月になってからだった。許可が下付された後も、株式の調達が不調で計画が一時中止。その後、景気が回復した日露戦争後の明治40年（1907）9月「伊那電車軌道株式会社」が設立する。翌月には第一期線として、辰野〜伊那町（現・伊那市）間の測量に着手し、翌年3月に着工。明治42年12月、辰野（後の西町で昭和18年廃止）〜松島（現・伊那松島）間が部分開業した。現在の飯田線が通る線路とは異なり、道路に敷かれた併用軌道だった。

この時代、鉄道の動力は蒸気機関車が主流で、電気運転は日本でも数例しかなかったが、これには諏訪地方の製糸工場への電力供給を目指して設立された諏訪電気株式会社が絡んでいる。伊那電車軌道の初代社長・辻新次は同社の社長でもあった。伊那電車軌道は諏訪電気から電力が賄われることにより運行可能だったのだ。

その後、伊那電車軌道は小刻みに延伸を重ね明治45年（1912）5月、伊那町に到達した。

伊那町以南は軽便鉄道で敷設

伊那電車軌道の線路は伊那町に到達したものの「このころ会社の経営状態は、到底伊那町以南の延長工事を許さない状態にあった」（『駒ヶ根市誌』より）。憂慮した県は工事促進を条件に、上・下伊那郡と県費による補助を行うが、それでも資金不足だったという。折しも明治43年（1910）4月に鉄道敷設の手続きを簡素化した軽便鉄道法、翌年3月には一定の利益を国が補助する軽便鉄道補助法が公布。全国に軽便鉄道敷設ブームが起こるなか、伊那町から以南は軽便鉄道によって敷設されることとなった。軽便鉄道の敷設に関しては、勾配やカーブの規制が緩いため、難所の田切地形を越える区間で急カーブが多用されたのだろう。

伊那電車軌道は伊那町駅から徐々に南下。大正7年（1918）2月に中田切川を越えて飯島まで延伸した。翌年8月には社名を伊那電気鉄道に変更。大正12年（1923）3月には、辰野〜伊那町間を軌道から鉄道に改修し、輸送力が大幅に改善された。同年8月には飯田へ到達するが、ここで再び飯田線の旅に戻ることにしよう。

飯田駅の大迂回と下山ダッシュ

飯島駅と伊那本郷駅の間で、与田切川が形成した田切地形をU字カーブで越える。こちらの最小カーブ半径は１６０ｍだ。伊那本郷駅の前後で25‰の勾配を駆け上がり、段丘上にある標高６９５・２ｍの七久保駅に出る。ここから7駅先の市田駅は天竜川の川べり近くにあり、標高は４３９・６ｍ。7駅で15・５㎞を進む間、電車はカーブを繰り返しながら高低差２５５・６ｍを下ってゆく。

市田を出れば、南信の中心都市である飯田は間もなくだ。飯田の市街地は、天竜川支流の松川と野底川が形成した扇状地に広がっている。飯田線は再び川の上流へと遡るように右へカーブし、飯田駅を出るとU字を描くように松川を渡る。

このU字カーブの途中にあるのが切石駅。カーブ半径１６０ｍの途中に設置されている。ホームは大きくカーブしており「この駅のホームはカーブにあるため　ホームと電車との間が広いので　乗り降りはなるべく電車の両側の乗降口をご利用下さい」の看板が立っている。電車は切石駅で左に90度カーブすると、松川に沿って下ってゆく。

鼎駅を過ぎ、下山村駅を出れば、元善光寺駅と伊那上郷駅の間で離れていった国道

R160の切石駅、ホームと電車のスキマが広い

１５３号が飯田バイパスとして頭上を越えてゆく。地図を見ると国道は天竜川と並行するように真っすぐ走っているのに対し、飯田線は大きくＵ字を描き迂回しているのがわかる。

この大迂回を利用して、密かに楽しまれているのが「下山ダッシュ」という遊びだ。Ｕの字の入口となる下山村駅で下車し、電車が遠回りしている間に道路を急ぎ、Ｕ字の出口となる伊那上郷駅で、乗っていた電車に追いつくというゲームである。本来であれば時間的に難しいところだが、飯田駅で長く停車する電車であれば可能なようだ。

それにしても、飯田の迂回は、中田切川や与田切川とは事情が違いそうだ。伊那電気鉄道が飯田まで延伸する際、問題になったのが駅の位置だった。町史『飯田・上飯田の歴史』によれば「町の周囲四か所を選び、それぞれのルートで線路を建設した場合の建設費や集客効果を比較検討していました」という。候補地の一つだった手の水町付近は、すでに開通していた元善光寺駅との高低差、迂回ともに少なく建設費が抑えられると考えられた。また、4カ所の候補地とは別に、下伊那郡全体では上郷別府に設置する意見もあり、これは天竜川に近い集落（小さな町村に分かれていた）の人々に支持を受けた。いずれにしても現在の飯田駅のように、大きく迂回するルートではなかった。

これに対して、当時の飯田町（現・飯田市の一部）が推したのは、旧・上飯田村羽根垣外（現・飯田市上飯田）。線路は再び段丘の上へ上るため、元善光寺から伊那上郷へかけて25‰の勾配となり、切り通しに加え、トンネル（上郷トンネル）を設ける必要があり建設費が増大する。しかし、飯田町としては、天竜川近くへ駅を設置すれば、利用するたびに扇状地の坂を上り下りしなければならず不便と考えられた。飯田町は伊那電気鉄道へ対し、資金と土地を寄付することで誘致を進め、結果として、大正8年（1919）9月に現在の位置に決定された。

そんな住民同士の綱引きの末に決定され、出来上がったのが飯田のU字カーブである。

飯田町の有力者たちも「下山ダッシュ」に利用されるとは、考えもしなかっただろう。

伊那電気鉄道は昭和2年12月に天竜峡まで到達。昭和12年の三信鉄道開通で一本に結ばれた後、昭和18年に国有化。飯田線の路線名が与えられ今日に至っている。

飯田の扇状地を迂回するU字カーブ

ＪＲ身延線

身延線は前項の飯田線と雰囲気が似ている。同じＪＲ東海の路線であり、東海道本線と中央線を繋いでいる。身延線は富士川、飯田線は天竜川とそれぞれ大河に沿って敷かれていることも似ている。また、１９８０年代の初頭まで、両線とも旧型国電が走っていた。さらに急カーブが多いことも共通している。

身延線は西富士宮～身延の31・６㎞区間でＲ２００の急カーブが連続している。25‰の急勾配も富士宮～芝川間、十島～井出間をはじめ所々に点在する。急勾配に急カーブとあっては、静岡～甲府間を結ぶ特急「ふじかわ」も運転速度は上がらない。

ただし身延線と飯田線では急カーブの理由が違うのだ。身延線沿線には、飯田線のような「田切地形」は見当たらない。稲子～十島間で稲子川の谷を回り込んでいるが、ほかは

蛇行する富士川沿いにカーブを繰り返す

川の支流を回り込むような場所はなく、ひたすら富士川に沿って敷かれている。

富士川は日本三大急流の一つに数えられ水害も多い。河原よりも高い位置に線路が通されているのは、水害を避けるためだろうか。それとも川沿いの地質が不安定で、少しでも地質の良い山の斜面が選ばれたのだろうか。富士山と南アルプスに挟まれた富士川は、フォッサマグナのエリアで断層も走っており地滑りなども発生している。いずれにせよ斜面の中腹に線路が敷かれたことが、急カーブが多くなった理由の一つだろう。

身延線が通る富士川東岸は、天守山地が川岸まで迫り、急斜面となっている場所が多い。そう思って富士川沿いの地形を見ると、国道52号の通る西岸の方がやや平坦だ。富士川に架橋し、平地の場所を結んで線路を敷設すれば急カーブは解消できただろう。それができなかった理由は、身延線が敷設された大正時代にまで遡る。

身延線は、富士川の舟運にかわる輸送機関として、また東海道本線と中央本線を結ぶ路線として期待されながらなかなか開通できなかった。長年の悲願を実現させたのは、民営の富士身延鉄道だった。身延線敷設の歴史を辿れば、急カーブの誕生理由が見えてくるはずだ。

中央線の敷設決定後も出願相次ぐ富士川ルート

富士川は南アルプス北部の鋸岳を源とし、甲府盆地から山間部を南下、駿河湾へと注ぐ長さ128kmの一級河川。近世初期から昭和初期まで、山々に囲まれた甲斐国にとって、この川は交通の大動脈だった。

慶長17年（1612）、京都の豪商で日本各地の河川開削を行った角倉了以《すみのくらりょうい》が、幕府の命を受けて、鰍沢から岩淵（現・東海道本線富士川駅付近）までの72kmを開削する。

富士川は御廻米と呼ばれた年貢米の輸送路として、甲州、信州各地から集められた米が江戸や大坂へ向けて下り、上りの船には塩が積まれた。しかし川の流れに逆らう上りは人力で引いていたため、下りの1日に対して、上りは3日を要した。また急流であるため、安全面などの問題も多かった。

明治22年（１８８９）２月、東海道線国府津～静岡間の開業と同時に、富士川の河岸として栄えた岩淵に駅が開設された。当時、東京と甲州、信州を結ぶ鉄道路線はまだ計画段階で3つのルートが候補に挙がっていた。一つ目は、すでに開通していた甲武鉄道を八王子から西に延ばす八王子ルート。２つ目は、東海道線の御殿場（当時の東海道線は御殿場経由だった）から甲府を結ぶ御殿場ルート。３つ目は岩淵～甲府の富士川ルートだ。

富士川ルートは地勢が険しいという理由から早い段階で退けられ、結局は八王子ルートに決定。後に中央本線となる路線が誕生する。

とはいえ、主要な舟運の交通路だった富士川沿いに鉄道を敷く計画は消えなかった。政府は中央線開通後の第二期線として官営で敷設する計画を伝達していたが、これはいつになるのかわからず、私設鉄道計画が持ち上がった。

明治28年（１８９５）、富士川村の静岡県議員たちが、早期敷設の請願運動を起こすも通らない。そこで東京や甲州の財閥なども加えた名士が中心となって、甲府岩渕線私鉄道が出願された。ところが同じ時期、東京に住む甲州出身の資産家が中心となり、駿甲鉄道が出願されていた。まさに富士川ルートで岩淵から甲府を結ぶもので、翌年6月には仮免許が下付され、用地買収と測量に着手するところとなる。

甲府岩渕線私鉄道は駿甲鉄道とまったく同じだったため、統合して富士川鉄道となり、明治30年（1897）4月には免許が下りた。しかし日清戦争後の不景気から着工することができず、翌年8月に免許を失効する。

軽便鉄道が敷設を実現。難産の路線建設

甲府～岩渕間の鉄道敷設は、その後も粘り強く請願が続けられた。最終的に実現するきっかけとなったのが、明治43年（1910）発布の軽便鉄道法と翌年の軽便鉄道補助法で、身延軽便鉄道と富士身延鉄道の2社が出願した。

身延軽便鉄道は東海道本線の興津駅を起点に興津川を遡った後、小河内川、稲瀬川沿いに北上して現・富士宮市内房付近から富士川の右岸沿いに身延までを結ぶもので、身延山

参拝者輸送を主目的とした。

一方、富士身延鉄道は富士郡大宮町（現・富士宮）を起点に、富士川左岸を通り甲府を結ぶルート。結果として、同じ川沿いに２本の鉄道は不要とされ、富士身延鉄道のみが認可されている。富士身延鉄道は富士製紙（現・王子マテリア）を創立した小野金六の呼びかけで、甲州財閥が中心となり明治45年（１９１２）に創立された。東海道本線の鈴川（現・吉原）から大宮町までは、富士馬車鉄道が明治23年（１８９０）に開通していた。また富士製紙工場の建設とともに、明治42年（１９０９）に富士駅が開業。途中駅の長沢から馬車鉄道の支線も敷かれた。富士身延鉄道はこの馬車鉄道（後の富士鉄道）を明治45年に買収し、富士～大宮町間の路線を改軌のうえ蒸気鉄道へ改築、大正２年（１９１３）に完成させている。

大宮町駅以北の工事は難産だった。『身延町誌』によれば「この工事は地盤が悪く、トンネルや橋梁の連続で非常に難工事であった」とある。さらに「第一次大戦による物価高騰、資材の値上がり等、あらゆる困難に悩まされ、遅々としてははかどらなかった」（『身延町誌』）。その結果、第一期工事区間の富士～身延間が開通したのは、大正９年（１９２０）になってからで、開通まで7年を要している。

そのような厳しい財政の下で、富士川に長い橋梁を架橋したり、長いトンネルを掘削したりするのは技術的にも、予算的にも難しかっただろう。対岸の平坦な場所に集落が開けていても渡ることができず、ひたすら地形の悪い富士川の東岸をなぞって線路が敷かれ、結果として急カーブの多い路線となった。もし、この路線が最初から官設で敷設されていれば、富士川に架橋し、長いトンネルを掘削したかも知れない。急カーブや急勾配は今よりも緩和されていたのではないだろうか。

富士駅からのもう一つの急カーブ

ようやく開業した富士身延鉄道。富士川の舟運は徐々に鉄道に使命を譲るが、鉄道の業績は思わしくなかった。工事費が予想を超えたことに加え、利用者も少なかった。その結果、運賃を高く設定せざるを得ず「日本一高い」と揶揄された。富士〜身延間の三等車の運賃が、東京〜富士間の二等車の運賃と同程度だったという。

富士身延鉄道は、身延駅と身延山のある富士川対岸まで、渡し船にかわる身延橋を建設。通行料を徴収するなど、苦肉の策とも呼べる方法で増収を図ったが、身延〜甲府間の第二期工事は着工することすらできなかった。

この状況に、帝国議会では甲府まで官営での敷設を決定。だが富士身延鉄道は自社で敷設すると主張する。折衝の末、身延～市川大門間を富士身延鉄道が、市川大門～甲府間を国が受け持つことに決着した。

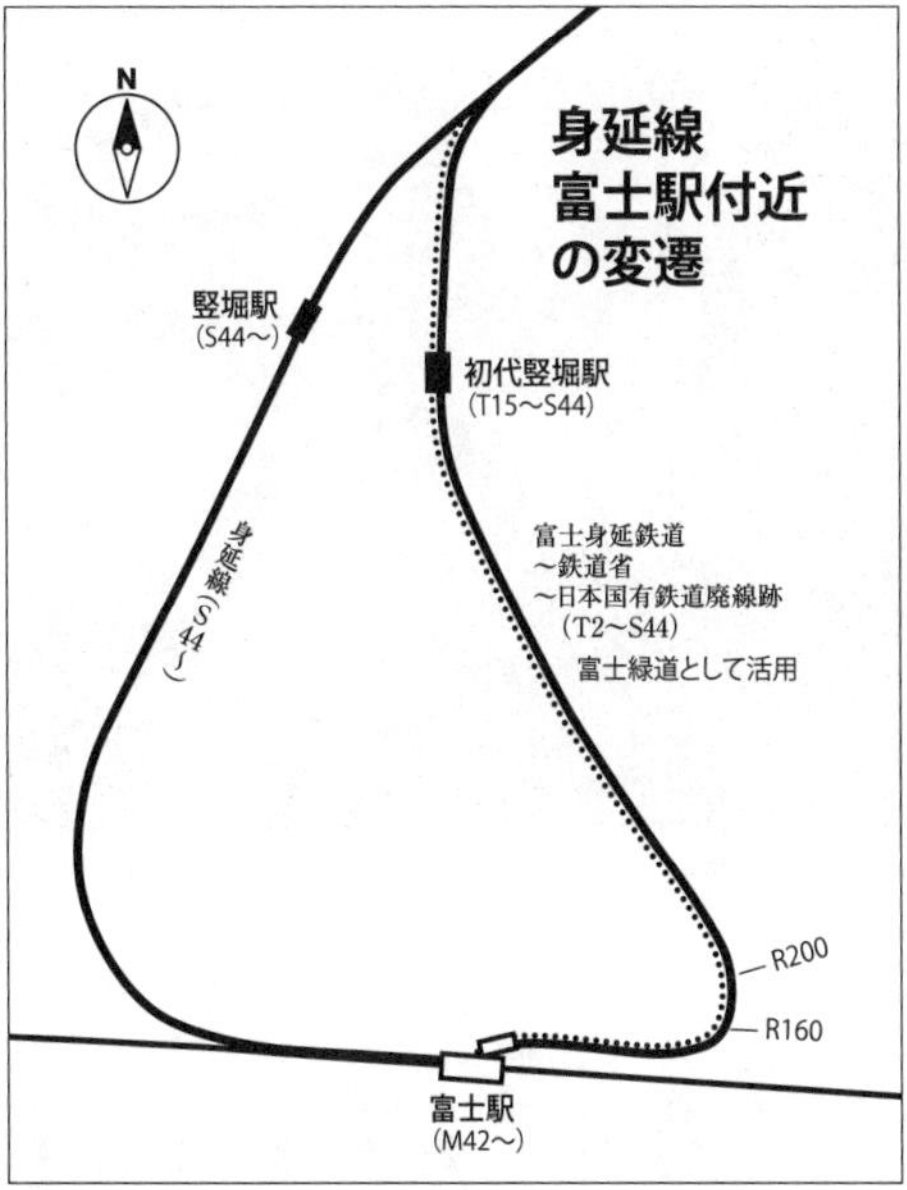

富士～甲府間が全線開業したのは昭和３年３月のこと。その間の昭和２年６月に、富士～身延間を電化している。昭和13年、国に借り上げられ、３年後の昭和16年５月に国有化、鉄道省の路線となり日本国有鉄道を経て、ＪＲ東海の身延線として今に至っている。

さて、身延線にはほかにも注目するカーブがある。いや〝あった〟というのが正解で、それは富士か

富士身延鉄道が敷いた工場の中の旧線跡

ら竪堀にかけて存在していた。富士身延鉄道は北東から大きく廻り込んで富士駅に達していた。官鉄線（鉄道省・日本国有鉄道）とホームが分かれており、身延線のホームを通らなければ、身延線へ入線できなかった。

この線路配置では、東海道本線と身延線とで直通運転する場合、静岡方面からはストレートに出入りが可能だ。しかし東京方面から身延線へ入る場合、いったん静岡方に出て本線を横断した後、バックして身延線ホームに入線しなければならなかった。富士宮の大石寺に参詣する創価学会の信者を輸送する団体臨時列車の需要が増えており、東京方面からの直通運転が増加していた。また、従来線はR１６０とR２００の急カーブに加え、主要道路との踏切があり改善の余地があった。国鉄はそれまで東京方にあった分岐を静岡方に変更。富士～竪堀間の線路を西側に敷いた複線高架の新線に切り替える工事を実施。昭和44年に工事が完了し、東京方面からの列車がストレートに通行できるようになった。富士身延鉄道の敷いた旧線跡の急カーブは、工場の間をすり抜ける道路となって残されている。

黒部峡谷鉄道

黒部渓谷の雄大な風景を眺めて走る黒部峡谷鉄道。線路は谷の斜面を縫うように急カーブを繰り返しながら敷かれている。

オープンエアーのトロッコ列車に乗ると、急カーブ通過時に〝キーッ、キーッ〟と車輪が軋む音が聞こえてくる。多くのカーブはR50を割り込み、ところによってはR30以下、R25なども点在する。最急カーブは黒薙駅構内のR21・5で、日本の鉄道法適用区間で最も急なカーブとなっている。

このような険しい線形で線路が敷かれたのは、現在のような観光が目的ではなかったからだ。黒部川上流に発電所を建設するために、渓谷を縫って軌間７６２㎜の軌道が敷設された。後にこれを一般観光にも利用可能なように、地方鉄道法の免許を取得。正式に旅客

鉄道法適用区間最急カーブのR21.5を通過

営業を開始したのが今日の黒部峡谷鉄道である。

黒部峡谷鉄道の生い立ちを語るうえで、黒部川の電源開発の話は不可欠だろう。さらには現在の富山地方鉄道の一部を開業させた黒部鉄道との関わりも深い。これらの足跡にふれながら、日本一の急カーブが存在する黒部峡谷鉄道の歴史を辿ってみよう。

日本有数の急流・黒部川の電源開発

北アルプス北部の立山連峰と後立山連峰を分かつように、深く刻まれたV字谷が黒部峡谷だ。谷底を流れる黒部川は、富山・長野県境に位置する標高２９２４ｍの鷲羽岳に源を発し、約85㎞を流れて日本海へ注ぐ。

黒部川流域の約８割が山岳地帯で、平均勾配は40分の１（25‰）。上流から中流部にかけては平均35分の１〜20分の１（28・５〜50‰）の日本有数の急流河川である。

黒部川の上・中流域は、その険しい地形から古来より人々を遠ざけてきた。江戸時代、当地を治めた加賀藩は、他藩からの木材盗伐に目を光らせたという。

「『奥山廻り役』という山林監視の役目を持った人とその伴の者しか入ることができなかった。役名を帯びて入山した人達は『他言無用』という、きびしい取締りをされていたので、峡谷の有様はほとんどわからない。秘境であったのである」（『宇奈月町史』より）。

明治時代になり、産業の近代化が推進されるなか、工場稼働のエネルギー源として電力が必要になった。石炭火力と並び注目されたのが水力発電。急勾配で年間を通して雨量が多く、雪どけ水も豊富な黒部川に最初に着目したのが日清紡績だった。明治42年（１９０９）、専務の福澤桃介は支流の弥太蔵谷《やたぞうだに》を水源とする発電所を計画。しかし、諸事情で実現しなかった。

東洋アルミナムと黒部鉄道が礎を築く

大正３年（１９１４）、三井鉱山が岐阜県の神岡鉱山で使用する電力の供給を目的に、黒部川本流５カ所の水利権を出願。県内外の企業からも出願が相次いだ。その一つが東洋アルミナム株式会社である。

高岡市出身の科学者・高峰譲吉が、当時世界一といわれた米国のアルミ製造企業に提携を持ちかけ、日米合弁会社の設立を画策した。アルミニウムの精錬には莫大な電力が必要で、黒部川に電源を求めたのだ。

余談になるが、高峰譲吉は消化酵素のジアスターゼを麹菌から抽出する方法を発見、「タカミアーゼ」と命名して特許を申請。またアドレナリンの研究者として、明治33年（１９００）には世界で初めて結晶抽出に成功するなど、世界的科学者の一人である。

そんな高峰の計画に共感したのが、逓信省電気局の土木技師だった山田胖《ゆたか》。逓信省を退官し、同社の創立メンバーとなった。

大正7年（1918）、黒部川の水利出願権を三井鉱山から譲り受け、翌年に東洋アルミナム株式会社が創立。大正9年（1920）2月には水利権を獲得した。同社はすぐに北陸本線の三日市（現・あいの風とやま鉄道黒部）と桃原（現・富山地方鉄道宇奈月温泉）を結ぶ資材輸送用の鉄道敷設を申請。大正10年（1921）12月、山田胖を常務取締役に置くなど、東洋アルミナムの関係者を中心に黒部鉄道株式会社が設立され、翌年11月に三日市～下立間が開業した。

しかし、第一次世界大戦後の不況で「米国のアルミニウム業界が生産過剰となり、東洋アルミナム株式会社への出資が不可能となった。また、高峰譲吉も大正十一年に亡くなった」（『追録 宇奈月町史』より）。

本来の目的を失った東洋アルミナムは、大正12年（1923）1月に日本電力株式会社の傘下に入る。黒部鉄道も同社の子会社となったあと、同年11月に桃原まで開通した。日本電力（通称「日電」と以下表記）は大正8年（1919）12月、大阪に設立された会社。戦中戦後の日本発送電（日発）への統合を経て、現在の関西電力の前身となる電力会社の一つである。

宇奈月温泉を開発

電源開発の進展と同時に整備されたのが宇奈月温泉だった。すでに大正時代初期には黒薙温泉から宇奈月までの山中に木樋が引かれ、内山村（現・宇奈月町内山）に愛本温泉が開湯していた。

大正10年、愛本温泉は台風で建物が倒壊するなどして一時閉湯したが、これを東洋アルミナムが設立した黒部温泉株式会社が買収。同時に源泉である黒薙温泉も買収した。やがて温泉事業も日電に移行されることになる。

日電は温泉開発に乗り気ではなかったというが、山田胖は温泉の存続を強く求めた。温泉を送る木製の木桶から赤松をくり抜いた引湯管に引き直すなどの改修工事を実施し、大正12年11月に開通。荒れ地であった桃原の台地を切り開き、愛本温泉の建物を移築するなどの整備を施し大正13年（１９２４）春に営業開始した。地名の桃原は宇奈月に改称、駅名も同年３月に桃原駅から宇奈月駅（現・宇奈月温泉）に改称された。

日電は「『宇奈月は温泉場として非常に有望で、将来は県下一の観光地になる』と、富山市内の旅館や料理店の女将に再三旅館の建設を呼びかけたが、一向に反応がなかった」

という。そこで「温泉旅館を建てるものには三万円を貸す」と勧誘したところ、次々と希望者が集まり、宇奈月温泉の素地がつくられていった。

日電の専用軌道として開通

発電所建設に先駆けて、黒部川の最上流部に調査用の歩道が開削された。東洋アルミナムは大正10年、欅平から上流の仙人谷に向けて水平歩道の開削に着手。大正14年(1925)からは、日電がさらに上流の平ノ小屋までの区間を開削した(後の日電歩道)。

標高1000mの高さに沿って、ほぼ水平に通されたのが水平歩道。高さ数百mの切り立った断崖の中腹を、コの字に削りながら掘り進められた。岩盤に鉄棒を打ち込み、丸太を鉄線で繋いで桟道をかけるなどの難工事で、犠牲者も多く出たという。

水平歩道の建設と同時進行で調査が行われたが、下流部では最初の発電所となる、柳河原発電所の建設に着手。事業は大正11年9月に東洋アルミナムから日本電力へと、権利の受け渡し契約が行われた。

発電所を柳橋に、取水口は猫又と黒部川支流の黒薙川に設置。工事資材の運搬用に専用

断崖をコの字に削り取った水平歩道

軌道の敷設が計画された。宇奈月から猫又の間と、跡曳（現・黒薙）で分岐し、黒薙川を遡って二見までの支線を大正12年6月に着工。「大部分むかし草鞋がけで歩いた林道を利用したものである」（『宇奈月町史』より）とあるように、山腹の崩落や雪崩に遭遇する難工事。冬場に物資を運ぶ「逓送さん」が通行するための冬期歩道も同時に建設された。

専用軌道は、大正15年（1926）10月に宇奈月～猫又間が、昭和3年に跡曳～二見間の支線が開通。柳河原発電所は同年1月に竣工した。

柳河原発電所が完成すると、日電は黒部川第二発電所の建設に着手。上流の小屋平にダムを築き、猫又まで送水して発電するもの。これに伴い軌道は第2期工事区間として、昭和5年8

月に小屋平へ延伸した。

第二発電所が昭和11年に完成した後は、黒部川第三発電所を欅平に建設。専用軌道は、昭和6年8月に小黒部まで開通。昭和12年7月には欅平までが全通した。黒部峡谷の断崖をくり抜き、絶壁に沿って敷かれたのだから、急カーブの連続となったことはいうまでもない。

軌道は第三発電所の取水口となる仙人谷ダムへ、昭和11年に延伸着工。欅平の上流部は勾配がより急なため、トロッコなどの車両を積載可能とした高低差約２００ｍの竪坑エレベーターを設け高低差を稼いでいる。

高熱隧道の惨事

この竪坑上部～仙人谷の区間は上部軌道と呼ばれるが、険しい地形と雪の影響を考慮して長いトンネル区間となった。しかし、トンネル内の約５００ｍ区間で、高熱の断層帯に突き当たり過酷な工事となった。

岩盤の温度が最高１６６度にまで上昇し、切端では冷水を吹き付けなければ作業ができない。坑内は蒸し風呂のようになり、強力な送風機を30mおきに設置し、水蒸気を排気してようやく作業が可能な環境だった。切端で作業にあたる人員4人に対し、冷水を噴射する水かけ係が2名、その水かけ係に冷水をかける補助員が1名、さらに補助員にシャワーをかける係が1名と、まさに人海戦術での作業が行われたという。

昭和13年8月には、地熱の影響でダイナマイトが自然発火し7名が死亡する傷ましい事故が発生。富山県警はこれを踏まえ、工事中止の命令が出されるも国策として続行。同年12月には大規模なホウ雪崩が発生、直撃を受けた作業員宿舎が吹き飛ばされ、84名が犠牲となる惨事となった。過酷な工事の模様は、吉村昭のノンフィクション小説『高熱隧道』にも描かれている。

こうして多くの犠牲を払った末に高熱隧道は完成。上部軌道は昭和15年に開通し、黒部川第三発電所は同年11月に完成した。

その後、専用軌道は戦時下の電力国家管理政策で日本発送電株式会社（日発）の所有となり、戦後はGHQによる電力事業再編成令で、昭和26年に関西電力株式会社に引き継がれた。

一般利用はできない上部軌道の仙人谷駅

観光利用へ

昭和20年代後半になると観光が盛んになり、黒部峡谷にも観光客が訪れるようになった。本来は資材や作業員のための専用軌道だったが、観光客は「便乗證」によって乗車できた。そこには「便乗ノ安全ニ付テハ一切保證致シマセン」と記されていたという。

宇奈月温泉は、開湯直後は経営が順調ではなかったが、昭和初期に発電所の工事関係者が多数町に入るようになり盛り返したという。また、終戦直後の昭和21年5月には大火に見舞われたが再建に励み、その後一大温泉地に発展している。

観光客の増加に伴い、昭和28年11月には地方

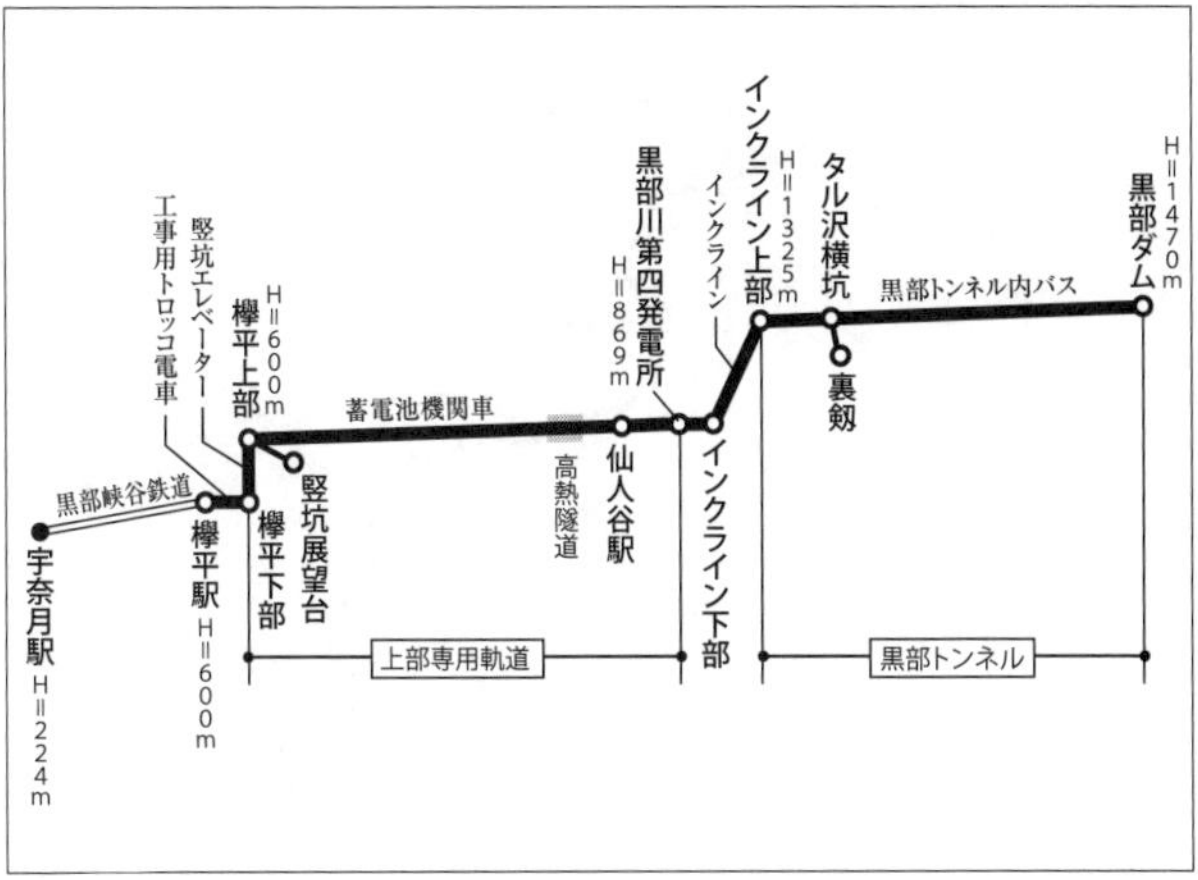

鉄道の認可を受け、関西電力黒部鉄道が発足。宇奈月～欅平間に現在のようなトロッコ列車の運行が開始された。

昭和31年5月「世紀の大工事」と呼ばれた、黒部ダムを含む黒部川第四発電所の建設がスタート。上部軌道は黒部川第四発電所前まで延伸着工、昭和38年8月に完成した。昭和46年7月には関西電力より独立し、黒部峡谷鉄道が誕生。現在に至っている。

欅平から黒部ダムまで、上部軌道を含めた作業用のルートは、令和6年から「黒部ルート」として一般開放される予定だ。

宇奈月温泉駅
新山彦橋
宇奈月ダム
黒部川電気記念館
宇奈月駅
柳橋駅
森石駅
黒薙駅
後曳橋
黒部峡谷鉄道
目黒橋
黒部川第二発電所
猫又駅
鐘釣駅
小屋平駅
N
欅平駅
黒部川第三発電所
仙人谷駅

コラム

カーブではなく直線で引かれた線路

鉄道路線を敷設する場合、本当はカーブ区間がない方が望ましい。日本の在来線で最も長い直線区間は、室蘭本線の白老～沼ノ端間にある28・7㎞の区間。実際は途中の駅構内の前後で、線路はカーブしているのだが、測量中心線が直線ということになっている。

平坦な北海道の原野を切り拓いて敷設されたのだから、地形や建物に気遣うこと無く、のびやかに線路を敷くことができたと理解できる。

しかし、これに匹敵するのが、中央本線の東中野～立川間にある約25㎞の直線区間で、それが東京都内というから驚く。そして都市を突っ切る直線区間はある伝説を生んでいる。

中央本線の新宿～立川間は明治22年（1889）4月、民営の甲武鉄道によって敷設され、その工事は鉄道院に委ねられた。工事を担当したのは、後に鉄道院総裁や南満州鉄道総裁も務めた仙石貢。当時は鉄道院の四等技師だった。

「雷親父」の異名をもつ仙石が、ひと思いに地図上に鉛筆でグーンと一直線を引いた。そんな趣旨の逸話が、国鉄部内で伝承されてきたという。仙石は青梅街道や甲州街道沿いに線路を引きたかった

東中野〜立川間の線路。軌道中心は直線になる

が、反対運動に立腹し、一気に線を引いたというのだ。地理学者の青木栄一は『鉄道忌避伝説の謎』で、これに疑問を呈している。

甲武鉄道建設に関して、線路選定の記録はほとんどなく、また反対運動の記録も見当たらない。そもそも甲州街道沿いへ鉄道を敷く計画そのものが見つからないという。

現在でこそ、東中野〜立川間は市街地を突っ切るように走っているが、当時の武蔵野台地は農地と林が広がるのみ。平坦な地形で勾配も大きな河川もなく、経済的に敷設・運行できるルートを選んだ。

「鉄道技術者にとって、一直線の線路は願ってもない理想のルートといってよい。（中略）台地上に一直線に、それも二五キロという長い距離にわたって引けたということは、鉄道技術者にとって最高に理想的な線形であり、地理的には何の障害もなかった」（『鉄道忌避伝説の謎』より）。

本書は多くの地方史誌を資料にしている。青木氏は地方史誌に残る〝根拠なき鉄道忌避説〟を指摘している。確かに地方史誌には地元に対するバイアスが見られるときがあり、史実と違っている部分もあると思う。しかし、それはそれで心情に触れるのも事実。資料読みには注意しているが、史実を特定するのは難しいと感じる。

第4章

大人の事情でやむを得ず

交通機関として社会の一部をなす鉄道は、その敷設において政治と無関係ではない。地方出身の議員が地元に鉄道を誘致するため、わざわざ大迂回するような線形を生み出した場所が全国にいくつかある。

郷土を思う気持ちは理解できる。鍋弦線と呼ばれる大船渡線のように、明らかに大迂回する線形は〝我田引鉄〟の代表例としてわかりやすいだろう。

しかし、つぶさに調べてみると「迂回の理由は政治的な理由だけではなさそうだ」と思える場所も出てくる。周囲の地形や当時の土木技術、経済的事情などを照らし合わせてみると、伝説とされているように、力によって曲げられたというばかりではなさそうである。

本章では、そんな政治的な理由でルートを曲げられたという路線を取り上げたうえで、〝ほかの理由〟も探ってみた。

また、鉄路が兵種として活用された時代に、軍事演習用として敷かれた路線にもふれてみようと思う。かつては鉄道連隊という陸軍の組織が敷設・運営していた。戦後は放置された演習線だが、民間会社がこれを再興、新京成電鉄として通勤通学に活躍する路線になっている。

R120の急カーブで京成津田沼駅へ入る

JR大船渡線

一ノ関から気仙沼を結ぶ大船渡線。以前は三陸沿岸の盛まで線路が延びていたが、東日本大震災で被災し、気仙沼〜盛間はBRT（バス高速輸送システム）で運行されている。

一ノ関を頭にして盛駅を尻尾に見立てると、線路の形状は身をくねらせて飛翔する竜のようだ。大船渡線が〝ドラゴンレール〟の愛称をもつゆえんである。現在はその尻尾の部分がBRTになっている。

地図で詳細を見ると、ちょうど竜の背中の部分にあたる、陸中門崎駅と千厩《せんまや》駅の間はカーブを描いて北へ大きく迂回している。鍋鉉線と呼ばれる区間だ。同区間を走る国道284号が東西にほぼ直線的に敷かれているのに対し、大船渡線が大きく回り込む線形が、政治的な理由によって形成されたことはよく知られている。

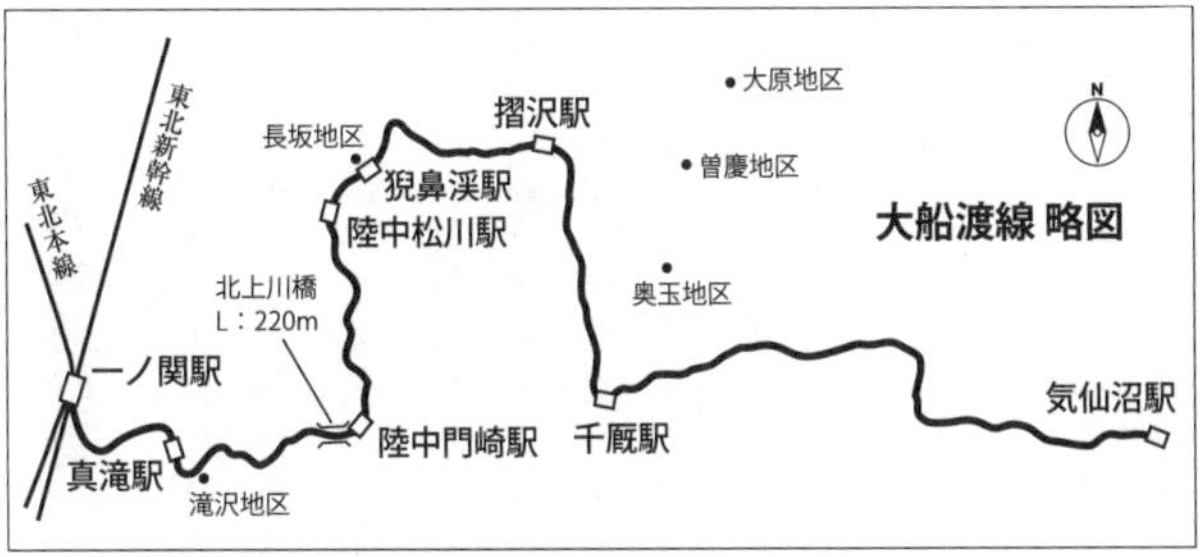

砂鉄川を渡る。上流には景勝地の猊鼻渓がある

大船渡線が敷設された経緯を辿りながら、大カーブで迂回する鍋鉉線がどのように敷かれていったのかを探ってみようと思う。

幻の磐仙鉄道計画

明治23年（1890）4月、日本鉄道の東北線が一ノ関まで延伸開業した。「明治初期の物資輸送は、書簡等は駅逓局（後郵便局）に任されたが、物資の輸送は民間に任されていた。従って運輸は舟運に頼り、北上川を利用して石巻に運ばれ、港から各地へ輸送されていた。陸運は牛馬に頼らざるを得なかった」（『千厩町史』より）とある。鉄道の開通で舟運は衰退するが、鉄道が地域に与えた影響は多大だった。

明治20年代には、私設鉄道起業ブームが起きていた。東北地方では南北に通る縦貫線の駅を起点に、東西を結ぶ横断線の敷設計画が持ち上がった。明治30年（1897）に出願された「磐仙鉄道株式会社」もその一つ。

一ノ関〜滝沢（現・真滝駅の東）〜長坂（現・猊鼻渓《げいびけい》駅付近）〜摺沢〜曽慶（現・一関市大東町）〜奥玉（現・一ノ関市千厩町）〜折壁を経て、気仙沼〜鹿折〜陸前高田のほか、ルートはいくつか考えられたという。

明治33年（1900）4月、磐仙鉄道株式会社に仮認可が下りた。資本金150万円で事務所は、一ノ関の八十八銀行内に置かれた。

「しかし、明治三十九年十一月に磐仙鉄道株式会社は解散し、さらに八十八銀行の業務不振のあおりを受け資金難となって、大正四年八月二十八日鉄道免許の取り消しを願い出るに至った」（『大東町史』より）。

磐仙鉄道は実らなかったが、これに並行して、官設により鉄道を敷設する請願運動が起きていた。

「一ノ関の本間貞治、摺沢の佐藤秀蔵、気仙沼の熊谷正太郎が中心となって、一ノ関出身の政友会代議士阿部徳三郎が、その官設運動の先頭に立っていた」（『千厩町史より』）。このうち、摺沢村（現・一関市大東町）の佐藤秀蔵は、岩手県における日本鉄道の筆頭株主で２５０株を保有。鉄道への思いは並々ならぬものだった。

佐藤は県下随一の高額納税者として貴族院議員に互選され、明治42年（１９０９）から国会議員任期中の2年間、一ノ関〜気仙沼間の鉄道建設を政界に働きかけた。

同時期の明治44年（１９１１）には、一ノ関、千厩、気仙沼の有力者を中心に、期成同盟会が結成。鉄道敷設への熱意は消えず、大正7年（１９１８）3月の帝国議会で、一ノ関〜気仙沼間に軽便線での建設予算が計上された。

鉄道敷設が政党間の駆け引きに

この時代、議会は選挙で選ばれる衆議院と、華族や高額納税者からなる貴族院の二院制が敷かれていた。衆議院選挙の投票権も今とは違い、納税額の多い者だけの特権だった。

そんななか、大正7年9月、岩手県出身で、交通政策（鉄道建設）を四大政綱の一つに標榜した原敬内閣が発足。日本初の政党内閣であり、初めて無爵の内閣総理大臣だった。原内閣のもと「大正八年には気仙沼・大船渡間の建設費も計上される。この時点での線路は、一関から薄衣（現川崎村）を経て千厩から気仙沼へ至るほぼ直線状につなぐ計画だった」（『大東町史』より）。

当時、衆議院における政党は原内閣が率いる立憲政友会（以下、政友会）と憲政会が勢力を争っていた。岩手県南部では、明治41年（1908）の第10回衆議院議員総選挙から大正6年（1917）第13回選挙までは、反政友会である柵瀬軍之佐《さくらいぐんのすけ》が当選していた。

大正9年（1920）に実施された第14回衆議院議員総選挙では選挙法が改正。小選挙区制となり、岩手県は7つの選挙区に分けられた。第七区の県南部では、政友会が摺沢村出身の佐藤秀蔵の長男・佐藤良平を擁立。秀蔵は高齢だったため、息子に託したのだ。

佐藤良平は、一ノ関〜気仙沼の鉄道を門崎から北へ曲げて、猊鼻渓、摺沢を経由して気仙沼へ抜けるルートにすることを公約に掲げた。これが功を奏したのか、佐藤は初の立候補にも関わらず当選した。

「この年、大船渡線の建設費も計上され（中略）路線は、門崎駅から北に進路を変え、松川を経て摺沢駅に向かったのである」（『千厩町史』より）。大東町史には「佐藤良平の衆議院当選と佐藤家が一関・摺沢間の建設費四六〇万円のうち三〇〇万円を負担したこともあり摺沢へ引鉄された」との記述がある。

公約が実現され、大正10年（１９２１）７月に一ノ関〜摺沢間が着工。最大の難所は北上川の架橋工事だった。大正13年（１９２４）４月３日には、雪どけ水の増水により工事中の橋脚が破壊され橋桁が流出、作業員３名が殉職している。

災難に見舞われながらも、北上川橋梁は同年12月に竣工。橋梁の完成を受けて、大正14年（１９２５）７月26日に開業した。摺沢小学校で開催された祝賀会には「参会者は１２００人を数え、摺沢には１万人の人出があったと伝えられている」（『大東町史』より）。

千厩への急曲で鍋鉉線が形成

大正10年11月に原敬首相は東京駅構内で暴漢に襲われ急死。以来、政友会は足並みが乱れ分裂するなど、勢力を失っていた。大船渡線はさらに沿岸部を目指すが、摺沢から東進し、大東町大原（現・一関市大原）を経由して陸前高田を結ぶルートへ変更される計画が持ち上がった（諸説あり）。

これに危機感をもったのが千厩町である「『それでは鉄道の恩恵を受ける事が出来なくなる、南下させて千厩から気仙沼に引かなければならない』と憲政会に訴え、貴族院に働きかけて大原経由の案は否決された」（『千厩町史』より）。

千厩町史によれば、大正13年に実施された第15回衆議院議員総選挙では、目的を果たした佐藤良平は立候補しなかった。その一方、鉄道誘致に熱心な大原では政友会が分裂した政友本党から宮手敬治を擁立した。

対する千厩では政友会から脱党し憲政会へ入党する者が増加。憲政会より立候補した柵瀬軍之佐の支持にまわるなどし、延伸する鉄道をめぐる争奪戦が繰り広げられた。結果的に憲政会の柵瀬が宮手に大差をつけて当選している。その後柵瀬は、憲政会の加藤高明内

転向する大カーブの途中にある千厩駅

閣のもとで商工政務次官の要職に登用。大船渡線は摺沢から南下、千厩を経由して気仙沼へ至るルートに落着した。

昭和2年7月、摺沢〜千厩間が開通。昭和4年7月には気仙沼まで開通し、奇異な鍋弦線の線形が誕生することになった。千厩町史には「門崎から直通すれば二三キロメートルの所、北へ湾曲して三九キロメートルにもなった。（中略）門崎で一旦下車してバスやタクシーで千厩に着き、買物や用事をすませて、また千厩駅で汽車に乗って気仙沼へ行く人もあったという」との記述もある。まるで飯田線の下山ダッシュ（P153 JR飯田線を参照）のようなショートカットが、その当時行われていたのだ。

遠回りの不便さの一方、「町内に無尽蔵といわれる石灰山の開発、観光客の誘致が促進され、今日の街の繁栄を来している」の記述が東山町史に見られる。

石灰石輸送のため、陸中松川駅構内には幾重もの仕訳線が新設、石灰輸送の貨物列車が頻繁に運行され、輸送量と収入は盛岡鉄道管理局管内でトップの成績を納めた（貨物輸送は平成11年廃止）。

石灰石関連施設に囲まれた陸中松川駅

加えて、昭和61年11月の猊鼻渓駅設置までは、猊鼻渓の玄関口として観光客も多く利用。仙台～盛間を走った、急行「むろね」も停車するなど、鍋鉱線の恩恵を受けた。

大船渡線を代表した急行「むろね」は、昭和57年の東北新幹線開業と同時に快速列車に格下げされ、ＪＲ化後の平成５年に「スーパードラゴン」と改称。平成25年に各駅停車化されて名称は廃止されている。

新京成電鉄

郊外の住宅地が広がる千葉県鎌ケ谷市南鎌ケ谷。コンビニエンスストアのある交差点から坂道を下ってゆくと、道沿いに公園が見えてくる。アカシア児童遊園と名付けられた敷地のなかには、曰くありげなコンクリートの物体が並んで立っている。物体は全部で４基。大きな四角錐台で、高さは３ｍくらいあるだろうか。長年の風雨に晒されて黒ずんでいる。

鉄道が好きな人ならば、これが橋梁の一部を成す橋脚と橋台だとすぐにわかるだろう。橋脚の上には、線路が通る鈑桁が無いので、廃線跡と推測することも容易だ。

この付近を通る鉄道路線は、東武アーバンパークラインと新京成電鉄（以下「新京成」）の２路線あるが、注目するのは新京成の方だ。

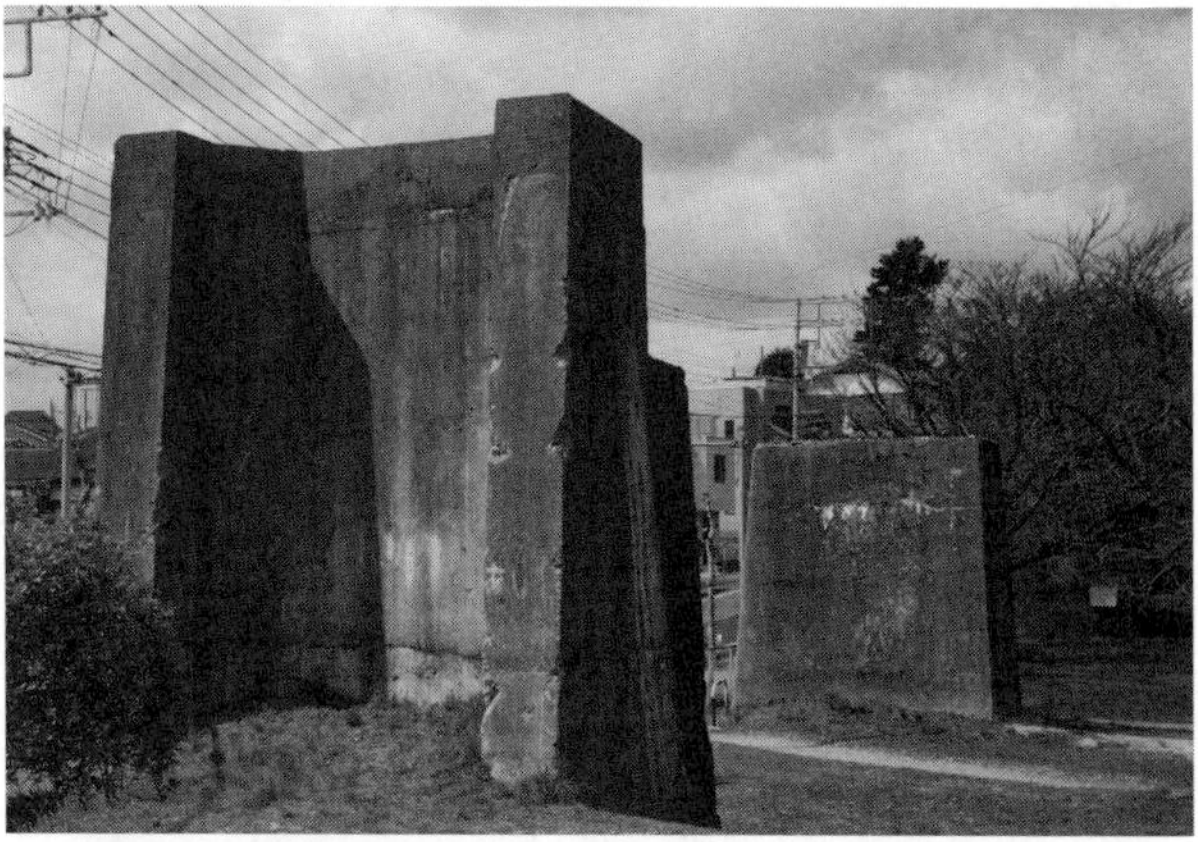

町なかに橋台と橋脚が残る

地図で確認すると、二和《ふたわ》向台《むこうだい》駅の新鎌ヶ谷駅寄りから左にカーブする道路が目に留まる。道路を辿ってゆくと、大きなＵ字のラインが浮かび上がってくる。Ｕの字の底の部分にアカシア児童遊園があり、Ｕ字の左上の部分で再び新京成の線路に合流するような格好だ。

　新京成といえばカーブが多い路線として知られる。京成津田沼〜新津田沼間では、京成津田沼駅を出てすぐにＲ１２０からＲ１４４のＳ字カーブに入り、総武本線を越えるとＲ１３９の左カーブを抜けて新津田沼駅に到着する。新津田沼駅を出ればすぐにＲ１４４の右カーブ（上り線はＲ１４０）へと続く。また、初富〜新鎌ヶ谷間ではＲ２００の長い左カーブで、進行方向を１２０度近くも変える。

そんな新京成のカーブを見ていると、わざと遠回りしているのでは？と思ってしまう。実際、津田沼～松戸間の直線距離が約16㎞のところ、新京成は26・5㎞にまで引き延ばしている。

磐越西線の磐梯町付近のように急勾配がある訳ではなく、飯田線やわたらせ渓谷鐵道のように、河川のある地形が影響している訳でもない。

新京成の線路の多くは旧日本陸軍の鉄道連隊が敷設した路線なのだ。二和向台からアカシア児童遊園へのU字カーブの道路はその廃線跡。後に新京成がカーブを短絡する目的で、線路を直線的に引き直した際に廃止になった区間なのである。カーブの多い新京成の線路を敷設した鉄道連隊について、歴史を探ってみようと思う。

鉄道連隊とは

富国強兵をスローガンにした明治政府は、日清戦争、日露戦争を足がかりにアジア大陸へと乗り出す。高速大量輸送を得意とする鉄道は、戦地での兵員、兵器、物資輸送に不可欠である。補給輸送改善を目的に設置され、建築、改築・修繕、運転、あるいは破壊・遮断作業を執り行ったのが鉄道連隊だった。

鉄道連隊の嚆矢について『鎌ケ谷市史』には「日清戦争終結間近の明治二十八年（一八九五）三月、山海関―天津間の鉄道の改築・修理とこの鉄道に連結する軽便鉄道を敷設するために、臨時鉄道隊と臨時軽便鉄道隊が編成されたことに始まる」との記述がある。実際には直接作戦に参加することはなかったという。

常設の鉄道隊としては、明治29年（１８９６）11月に、東京府牛込河田町（現・東京都新宿区）にあった、陸軍士官学校の敷地に鉄道大隊として編成されたのがはじまり。翌年6月には中野に転営して活動が開始された。

明治33年（１９００）8月から約1年間は中国に出征し、義和団事件（北清事変）の処理にあたる。義和団が引き起こした、イギリス軍の脱線事故を復旧して評価された。部隊は明治35年（１９０２）に三個中隊へと増強されて鉄道隊となった。

明治37年（１９０４）、日露戦争の征途では、朝鮮半島の京城（現・ソウル）～新義州間の京義線建設で測量や工事指導にあたり、その後、鴨緑江を越えて安東（現・丹東）～奉天（現・長春）間の安奉軽便鉄道の敷設にも携わった。

日露戦争での活躍を受けて、三個中隊から三個大隊（それぞれ四個中隊をもつ）の鉄道連隊へ昇格。明治41年（１９０８）千葉県津田沼町（現・習志野市津田沼）に第三大隊を新設し中野から転営。同年には千葉町（現・千葉市）に連隊本部と第一大隊、第二大隊と材料敞が設けられた。鉄道連隊はその後も改編を重ね、大正7年（１９１８）10月に二個連隊に増強。千葉に第一連隊、津田沼には第二連隊が置かれた。

演習用の軽便線を敷設

津田沼の鉄道第二連隊は総武本線津田沼駅の南に兵営が置かれた。「駅と総武本線を挟んだ北側に機関庫と材料敞が広がり、軽便鉄道、普通鉄道、広軌鉄道の三種のレールが複雑に敷かれていた」（『習志野市史』より）。

線路敷設の演習用として、日露戦争前後にドイツから購入した、およそ２００㎞分の鉄道資材と、機関車、貨車あわせて約６００両を所有していたという。

線路の敷設演習で用いられたのは、軌《き》框《きょう》と呼ばれる特殊な線路。軌間６００㎜で長さ５ｍの線路に枕木が予めセットされたものだ。重さは１７５㎏あり、これを台車に積み、６人の人力で持ち運んで、次々に敷設しながら前進する。

実際に敷設されても演習終了後に撤去された路線もあったが、それとは別に運転や脱線復旧などの練習を目的として、常設の演習線が敷設された。

第一連隊では千葉～津田沼のほか、千葉～四街道方面への線路をもっていたが、第二連隊は演習線をもっていなかった。

大正15年（1926）、近衛師団長が作成した予算申請書には「鉄道連隊演習用トシテ現在千葉、津田沼間ニ軽便線ヲ有スルモ、之ノミヲ以テシテハ教育上不便甚カラサルヲ以テ、該線ニ連絡シ津田沼松戸線（中略）軽便線一条ヲ以テ敷設致（後略）」（『習志野市史』より『陸軍省大日記』を転載）と記述されている。この計画をもとに敷設されたのが、津田沼～松戸の演習線。現在の新京成の前身である。

演習線は昭和2年に着工。「連隊長井上乙彦工兵大佐以下八七四名が、敷設工事のため八栄村二和（現船橋市）から市域初富付近に展開している。その際、現在のアカシア児童遊園（東道野辺六丁目、南鎌ヶ谷一丁目）付近には、木製の橋梁が架けられた」（『鎌ケ谷市史』より）。この橋こそが冒頭の遺構で、橋脚・橋台は昭和16年に木造からコンクリートに改築された。

津田沼～松戸線の敷設工事は五カ年計画で進められ、昭和7年に完成。軍用の演習線ゆえ、一般鉄道のように町と町とを結ぶのが目的ではない。

線路は現在のアカシア児童遊園がある谷へ向かって大きく迂回、ここでは架橋の演習を行うのが目的だったのだろう。しかしそれ以外では大きな谷を避け、平坦な台地を選んで敷かれているようにも見える。また、軍の規定により線路距離を延長したという説もある。その距離は45㎞といわれ、演習線が敷かれた千葉〜津田沼〜松戸間の距離に等しい。

陸軍の文字が刻まれた敷地境界標

そんな謎の多い軍事演習用の線路だが、演習のないときは市民が勝手に利用していたようだ。トロッコにトタン屋根を張って、畑で採れた芋などを積み、手で押して運んだという住民の証言も残されている。鉄道連隊側も市民の利用を容認していたのだろう。

廃線跡を新線に開業する新京成電鉄が発足

鉄道連隊は戦地において活躍したばかりではなかった。第二連隊は大正11年（1922）6月、上越南線敷設工事用の軽便鉄道（P45 JR上越線を参照）を沼田〜大穴（現・湯檜曽駅付近）間に敷設。大正12年（1923）9月1日に発災した関東大震災においては、東京周辺の線路を補修し復旧に尽力。避難民約5万人の輸送を助けたと同時に、東京方面へは救援部隊や食料などの輸送を補助した。

「九月二日の夜、稲毛・千葉間の応急修理が完成し、翌三日から亀戸・千葉間の運転が再開された」（『習志野市史』より）。

昭和12年に日中戦争が勃発すると、鉄道第二連隊は中国北部に派兵され戦地での任務を果たしている。ハルピンを経て、九州に移動したところで終戦を迎えた。昭和20年9月2日、日本は降伏文書に調印し敗戦。鉄道連隊は解散した。演習線の一部区間では戦時中にレールを撤去していたが、敗戦後は多くの区間で放置され荒れ放題になっていた。

京成電気鉄道は、津田沼〜松戸間を民営鉄道とすることを計画。また、西武農業鉄道（現・西武鉄道）も同類の計画を目論むと同時に、枕木などの資材の払い下げを求めた。

鉄道連隊との繋がりも深い京成電鉄は、昭和21年3月、当時の大蔵省東京財務局と千葉県知事に貸下願を提出。同時にGHQに対しても交渉を重ねた。

廃線跡の使用をめぐり、京成と西武が争う格好となったが、昭和21年8月、地元に路線をもつ京成電鉄が鉄道敷設の権利を得、西武は資材を得る覚書が交わされた。同年、下総電鉄株式会社の名称で発起人会を開催。10月に社名変更し新京成電鉄が創立された。

松戸付近は旧陸軍工兵学校（跡地は現在聖徳大学や松戸中央公園に利用）の周辺から、鉄道省の松戸駅へとルートを変更。二和向台～初富間、五香～常盤平間はカーブをショートカットしたが、全線の約7割は実習線の路盤を活用した。

初富〜北初富間は、カーブをショートカットするよう運輸省から促されたというが、新たに東武野田線を乗り越す橋梁架設の予算が必要となる。加えて将来東武鉄道との乗換駅を設置した場合、鉄道連隊が敷いた交差地点が適当と判断された。

今日その交差地点には新鎌ヶ谷駅が誕生し、新京成、東武、北総線という３社の乗換駅となっている（東武は「新鎌ケ谷」と表記）。

新津田沼〜京成津田沼間は急カーブの連続

昭和22年12月、新津田沼（初代）〜薬園台が開業。戦後の資金難と資材不足に見舞われながらも線路は段階的に延伸していった。現在の新津田沼駅は、鉄道第二連隊の材料敞があった場所で、初代の新津田沼駅は現在のＪＲ津田沼駅に近い場所に設置されていた。

昭和28年、京成電鉄との相互

乗入れを計画。新京成と京成電鉄は軌間が違うため、改軌工事が必要だった。新京成は地方鉄道として認可されていた。この時代の地方鉄道法では、京成電鉄と同じ軌間1372㎜は採用されなかったが認められたのだ。

同年10月には改軌工事が完了。その後も、昭和34年に京成電鉄が1435㎜に改軌したのに合わせ2度目の改軌工事を行っている。軌間600㎜だった演習線も含めれば3度目の改軌になる。国鉄津田沼駅との乗り換えをめぐっては、その後さらに3度の線路変更が行われた。現在の形に落ち着いたのは昭和43年に

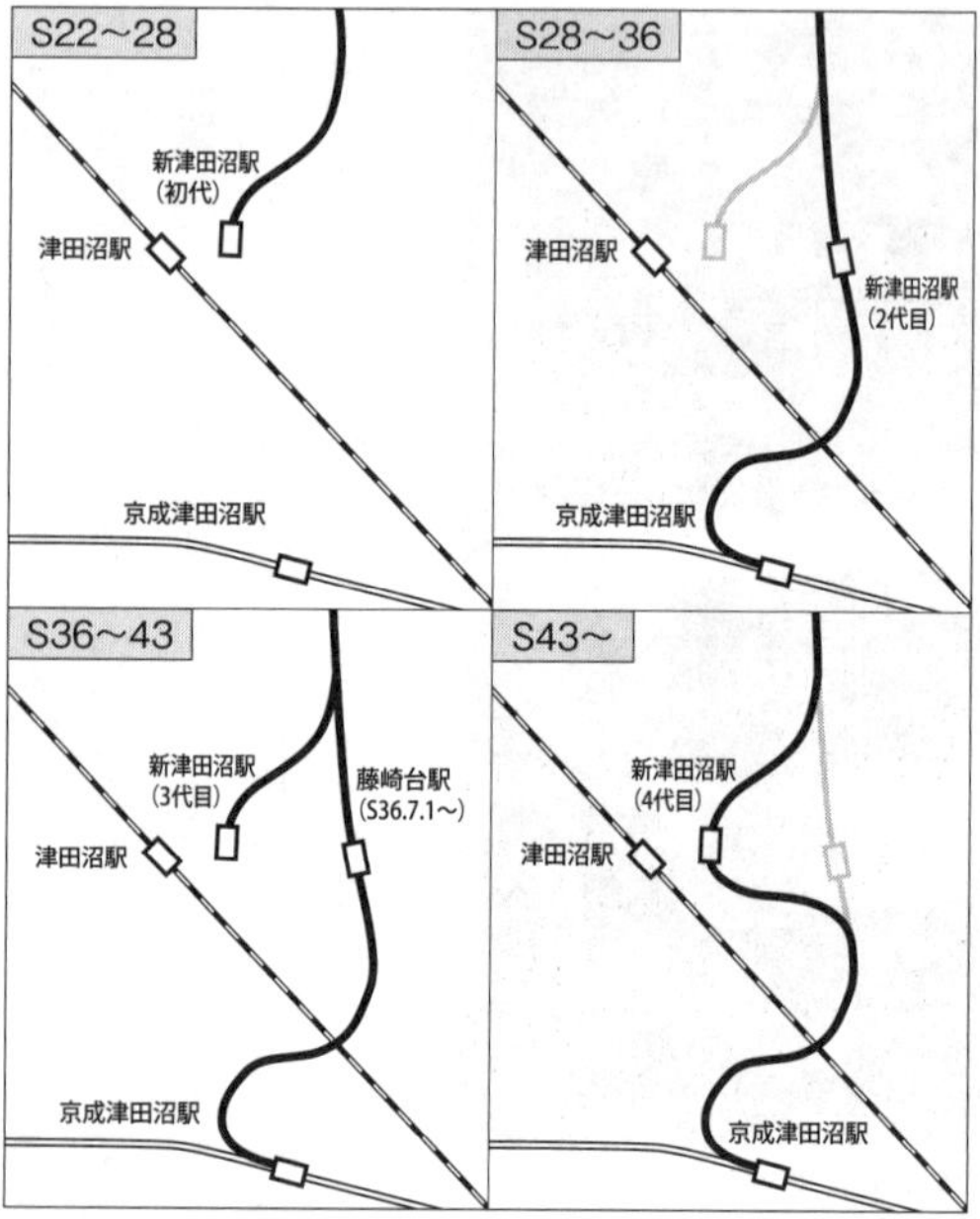

新京成電鉄津田沼周辺の変遷

なってからだ。

新津田沼～京成津田沼間で、最急R１２０の急カーブを走る電車に揺られ、車輪の軋む音を聞けば往年の苦労がしのばれる。

ＪＲ中央本線辰野支線

東京から甲州、諏訪を通り、木曽を経て名古屋へ至る中央本線は、文字に例えれば「へ」の字のような形をしている。諏訪湖のある文字のてっぺん付近を見ると、岡谷から塩尻までルートが二重になっているのがわかる。

みどり湖駅を経由するルートは昭和58年に開通した区間で、勝弦峠《かっつる》の下を貫く全長5994mの塩嶺《えんれい》トンネルで直線的に結んでいる。特急「あずさ」をはじめ、ほとんどの列車が通行する。

これに対し、辰野駅を経由するルートは、岡谷から大城山の山地を避けるようにいったん南下し、辰野から塩尻に向けて再び北上。V字の線形で大きく迂回している。

こちらの路線は通称「辰野支線」と呼ばれ、走るのはローカル列車のみ。岡谷から辰野

手前の新線と比べて標高が高い辰野支線

を経て飯田線へ乗り入れる列車のほかは、運転本数もわずかである。だがこの辰野支線こそ、もとは中央本線のメインルートだったのだ。

まずは辰野支線で岡谷から塩尻に行き、帰りはみどり湖駅経由で岡谷へ戻るルートで、両区間を比べてみようと思う。

善知鳥峠を越える辰野支線

岡谷から乗った列車は飯田線直通の天竜峡行き。辰野支線は岡谷〜辰野間、辰野〜塩尻間で運行系統が分離されている。岡谷〜辰野間は飯田線との相互直通運転で、辰野〜塩尻間は区間内を往復運転する。辰野支線全線を直通する列車は、朝8時台に岡谷駅を出て、辰野、塩尻を経由し大糸線の南小谷へ乗り入れる155Mの一本しかない。

列車は岡谷駅を出ると、本線の上下線の間を走る。辰野支線は単線だ。ほどなくして右に大きくカーブすると、コンクリートの高架橋が頭上を越えてゆく。車窓右には天竜川が寄り添ってくる。岡谷〜辰野間の車窓に見られる天竜川は、昭和初期頃までホタルの名勝地だった。

辰野で塩尻行きの列車に乗り換える。辰野駅を出てすぐに飯田線を左へ分けると、右カーブでほぼ90度方向を変える。天竜川支流の横川川に沿って走り、10〜15‰の勾配が20‰と急になったところで、ホーム一面のみの信濃川島へ到着。信濃川島駅を出れば、R300〜400で右へ、左へとカーブを繰り返しながら10〜20‰の坂を上る。次の小野駅を出れば勾配は最急25‰になり、車窓に谷が迫ってくる。切通に架かるレンガ積みアーチの蔵造川水路橋を一瞬のうちにくぐり抜け、全長1678mの善知鳥《うとう》トンネルへ突入。トンネル入り口が善知鳥峠のサミットで、標高は859・4mある。

善知鳥トンネルの内部は25‰の下り勾配で、抜ければかつて東塩尻信号場があった跡。スイッチバック式の構造で、かつて使用された折り返し線のレールが車窓に見える。R300のカーブが連続した後、矢沢川の開けた谷をR300の右カーブで大きく廻り込め

	岡谷～塩尻間距離（km）	開通年	トンネル（m）	最高地点（m）
辰野支線	27.7	明治39年	（善知鳥）1678	859.4
新線	11.7	昭和58年	（塩嶺）5994	781.1

ば本線の高架線が近づき、合流して塩尻駅に到着した。松本盆地の南端に位置する塩尻駅の標高は717m。859・4mの善知鳥峠から142mも下ってきたことになる。

塩尻からみどり湖駅経由の下諏訪行き上り普通列車で岡谷へ戻る。列車はやがて高架線に入り快調に走行。勾配は最急で20‰あるが、塩尻から約4分でみどり湖駅に到着した。出ればすぐに全長5994mの塩嶺トンネルへ入る。標高781・1mのサミットはトンネル内にある。塩尻駅との標高差は64mで善知鳥峠より78・3mも低い地点を越えている。塩尻〜岡谷の駅間距離を比べると、辰野支線の27・7㎞に対し、みどり湖駅経由は11・7㎞と半分ほど。所要時間は本線が11分で、辰野支線の場合は乗り換えなく直通する155Mでも35分かかる。

塩嶺トンネルが開通し、みどり湖経由の路線が開通したのは昭和58年になってから。善知鳥トンネル区間の開通は明治39年（1906）だから、77年の差だ。

通称〝大八廻り〟と呼ばれるこの大カーブができた過程を、中央本線敷

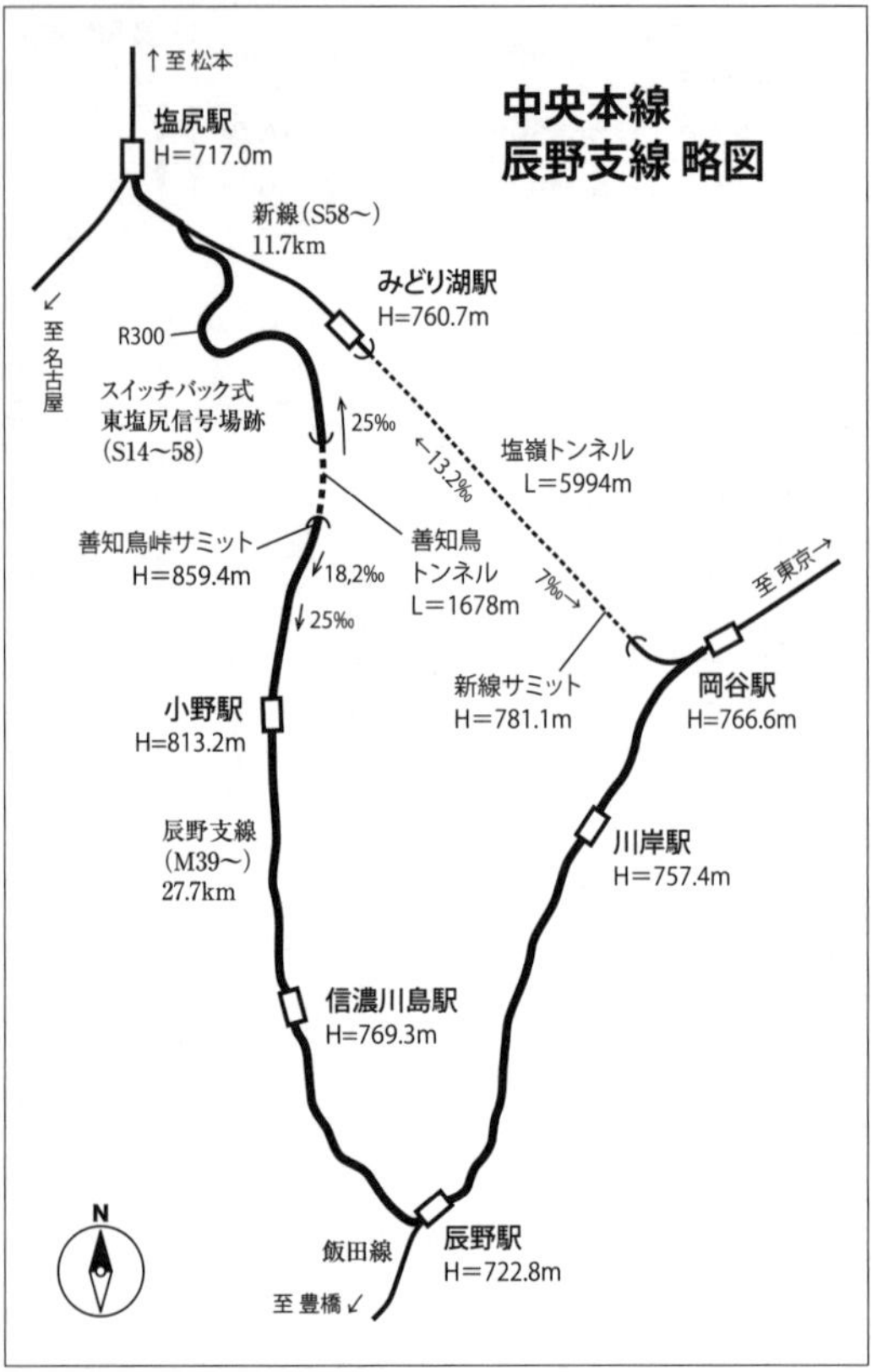
中央本線
辰野支線 略図
↑至 松本
塩尻駅
H=717.0m
新線（S58〜）
11.7km
みどり湖駅
H=760.7m
↙
至名古屋
R300
スイッチバック式
東塩尻信号場跡
（S14〜58）
25‰
←13.2‰
塩嶺トンネル
L=5994m
善知鳥峠サミット
H=859.4m
18,2‰
25‰
善知鳥
トンネル
L=1678m
7‰→
至 東京→
新線サミット
H=781.1m
岡谷駅
H=766.6m
小野駅
H=813.2m
川岸駅
H=757.4m
辰野支線
（M39〜）
27.7km
信濃川島駅
H=769.3m
N
飯田線
辰野駅
H=722.8m
至 豊橋↙

設の歴史を辿りながら探ってみよう。

中央線は木曽経由を選択

明治25年（1892）6月、国が建設すべき鉄道路線を定めた、鉄道敷設法が公布される。予定路線33区間に選ばれた中央線は、「神奈川県下八王子若ハ静岡県下御殿場ヨリ山梨県下甲府及長野県下諏訪ヲ経テ伊那郡若ハ西筑摩郡ヨリ愛知県下名古屋ニ至ル鉄道」のルートで、直ちに着工すべき重要な第一期線9区間の一つに指定された。

『岡谷市史』によれば「諏訪を経由して名古屋へ至る比較線には、伊那線・清内路線・西筑摩線の三線があったが、伊那・清内路両線は急勾配のためこれを除外し、距離が短く工事も簡易であり、また将来の発展性も考えて西筑摩線を取ることになった」とある。

西筑摩とは現在の木曽のこと。清内路は飯田市の西に存在した村で、現在は阿智村に編入されている。結果的には却下されたが、伊那から恵那山の北部で中央アルプスを越える、現在の中央自動車道に似たルートが候補の一つにあったのだ。

鉄道敷設法が公布されると、「伊那郡若ハ西筑摩郡」のルートをめぐり、伊那谷と木曽谷で争奪戦が繰り広げられた。『辰野町誌』には「明治二十七年、帝国議会において中央線が木曽谷経由と決定されたが、この路線決定までには、伊那谷経由の実現を願う伊那谷住民の熾烈な運動があった」とある。伊那側で鉄道誘致運動の中心に立った人物が、長野県下伊那郡伊賀良村（現在の飯田市）出身で帝国議会議員の伊藤大八だった。

「伊那谷に今日の発展をもたらしたのは、彼が中央線を辰野へ迂回させた結果によるからである」（『辰野町史』より）。

下辰野公園に建てられた伊藤大八の銅像

鉄道局長の任にあった伊藤には、せめて辰野経由だけでも実現させたいという思いがあった。しかし、鉄道建設の鍵を握る「鉄道会議」では、塩尻峠の下にトンネルを穿ち、下諏訪から塩尻へ抜ける案が有力で、辰野経由は考えられていなかったという。

伊藤は「何とかしてこの

案の撤回を図り、辰野回りを実現しようと奔走した。鉄道会議では、この二案を検討するため現地調査を実施し、伊藤も調査に立ち会った。そして議案書に独断で「辰野経由」の文字を書き込んだといわれている」（『辰野町誌』より）。独断で文字を書き込んだという部分の真実は定かではないが、伊藤の辰野経由に対するこだわりが、そんな伝説を残したのだろう。

このような逸話がある辰野経由の路線は〝大八廻り〟と呼ばれ、政治路線の典型として語り継がれている。しかし、中央線が大きく迂回した理由は、伊藤大八の影響力だけだったのだろうか。

大八廻り選定の真実？

中央線建設の予算が付いたのは日清戦争後の財政危機が落ち着いた明治29年（1896）3月。その後日露戦争への戦費が優先され、工事が一時中断するなどした。八王子から岡谷まで開通したのは明治38年（1905）になってからだった。

「岡谷～塩尻間は、予算もなく工事の目途は立たなかった」（『塩尻市史』より）。

塩尻市史によれば、着工の契機となったのは、信越線の碓氷峠問題だったという。碓氷峠を越える横川～軽井沢間は類いまれな急勾配。これを克服する目的で用いられたのがアプト式だった。線路の間に歯形をしたラックレールを複数列並べて敷き（碓氷峠は3列）、機関車の車輪の間に取り付けた歯車を噛み合わせて進む方式だ。運転速度が低いうえに輸送量が小さいため、これがネックとなった。日本海側から関東へ向けた大量の石油貨車が軽井沢に滞留して問題となっていた。

鉄道局は横川～軽井沢間に石油パイプラインを敷設、軽井沢から勾配を利用して麓の横川へ流す対策をとったが間に合わなかった。抜本的な解決策が必要とされ、篠ノ井・中央線経由のルート整備を考え、岡谷～塩尻の工事が促進されたのだった。

この区間の工事で最大のネックとなったのは、全長１６７８ｍの善知鳥トンネル。明治35年（１９０２）に着工、日露戦争による工事中断を経て、３年８カ月をかけて明治39年2月に完成した。工事に際しては出水も多く、事故による犠牲者も出ている。

わずか２㎞にも満たないトンネルの建設に苦労した明治時代末期、６㎞近いトンネルを掘削した実例はなく、塩嶺トンネルのような工事は不可能だったのではないか。

また、仮に塩尻峠経由で開通したとしても、相当な急勾配と急カーブの連続する隘路に

排煙設備の跡が残る
善知鳥トンネル抗口

旧東塩尻信号場
のホーム跡

なったと予想できる。中央線が辰野へ迂回した大きな理由は、当時の土木技術と地勢との見合いによるものだったのではないだろうか。

善知鳥トンネルの完成を受け、岡谷～塩尻間が明治39年6月に開業。トンネル内部は塩尻から一方的に25‰の急勾配で、蒸気機関車の乗務員を苦しめた。辰野方の抗口にはトンネル内から強制的に煙を排出した排煙装置の跡が現在も残っている。

難工事で貫通した塩嶺トンネル

中央線が全通した明治44年（1911）5月に中央本線となり、東京から甲州、諏訪を通り松本・長野方面への主要幹線として発展する。戦後には急行「アルプス」に加え、昭和41年に特急「あずさ」が2往復で運転開始した。その同じ年、塩嶺トンネルによる短縮ルートの新線計画が発表された。輸送上のネックとなっていた善知鳥峠越えの急勾配と急カーブを解消するのが目的である。

塩嶺トンネルは日本の二大地質構造線の中央構造線と糸魚川・静岡構造線が合わさる地域の一角。断層やしゅう曲で激しく乱された複雑な地質構造で、難工事が予想された。

昭和49年2月に塩尻方より着工されると、抗口から1530mに達した昭和50年6月に異常出水。トンネル上の地上部にある勝弦地区では井戸水の水位が低下する問題も発生している（その後減水は収束）。2330mに達した昭和52年1月には毎分58㎥という最大の出水にも見舞われた。工事はまずコンクリートの止水壁を打設し、そのコンクリートを掘削する作業を繰り返すなど、先端技術によりこれらの難関に対処していった。昭和57年4月に貫通し、翌58年7月5日に営業運転が開始された。

塩嶺トンネルを抜ける特急「あずさ」

昭和末期の技術でも、塩嶺トンネルの貫通に8年を要するような難工事に見舞われたのだ。もし仮に明治30年代に塩嶺トンネルを選択していたら、大きな代償を払うことになっただろう。迂回に見える〝大八廻り〟の選択をした、鉄道技術者の確かな見極めがあったのだ。

ＪＲ久大本線

鹿児島本線の久留米と日豊本線の大分を結ぶ久大本線は、豊肥本線とともに九州を東西に横断する路線だ。沿線にある由布院は全国的に有名な温泉観光地。源泉数は８５０本以上と豊富で、その数は別府温泉に続いて日本第二位を誇る。

地元の旅館経営者を中心に町づくりに取り組み、開発よりも環境を守ることを大切にしてきた。ダムやゴルフ場の建設計画に反対し、団体旅行向けの大型ホテルやネオンが灯るような繁華街を規制。代わりに小規模な宿、レストラン、ギャラリー、ショップなどで温泉街がつくられ、個性的で洗練された雰囲気が高評価を得ている。

そんな由布院の玄関口が由布院駅。地図を広げると、久大本線の線路が由布院に引き寄せられるように、由布盆地へと大きくカーブしているのがわかる。由布院に鉄道が開通し

由布院駅を目指して由布盆地を大きく廻り込む

たのは、大正14年（1925）7月のこと。

「当初の計画では由布院盆地を通らず、直接野矢方面に通じることになっていた。これを知った地区民は猛烈な誘致運動を展開した」（町誌『湯布院』より）という。

この誘致運動の中心人物が衛藤一六。北由布村（現・由布市）出身で県議会議員（後に農工銀行の頭取となる）の衛藤は、政治的手腕を使って線路を由布盆地へ引き入れた。

「由布院の村人は、盆地の中に引き入れた線路を、衛藤一六氏にちなんで〝一六線、一六曲がり〟などといって同氏の功績を称えたものである」（町誌『湯布院』より）。

郷土の発展を望んで鉄道を村の中心へ引き込んだというが、ルート決定の理由は本当にそれ

図1

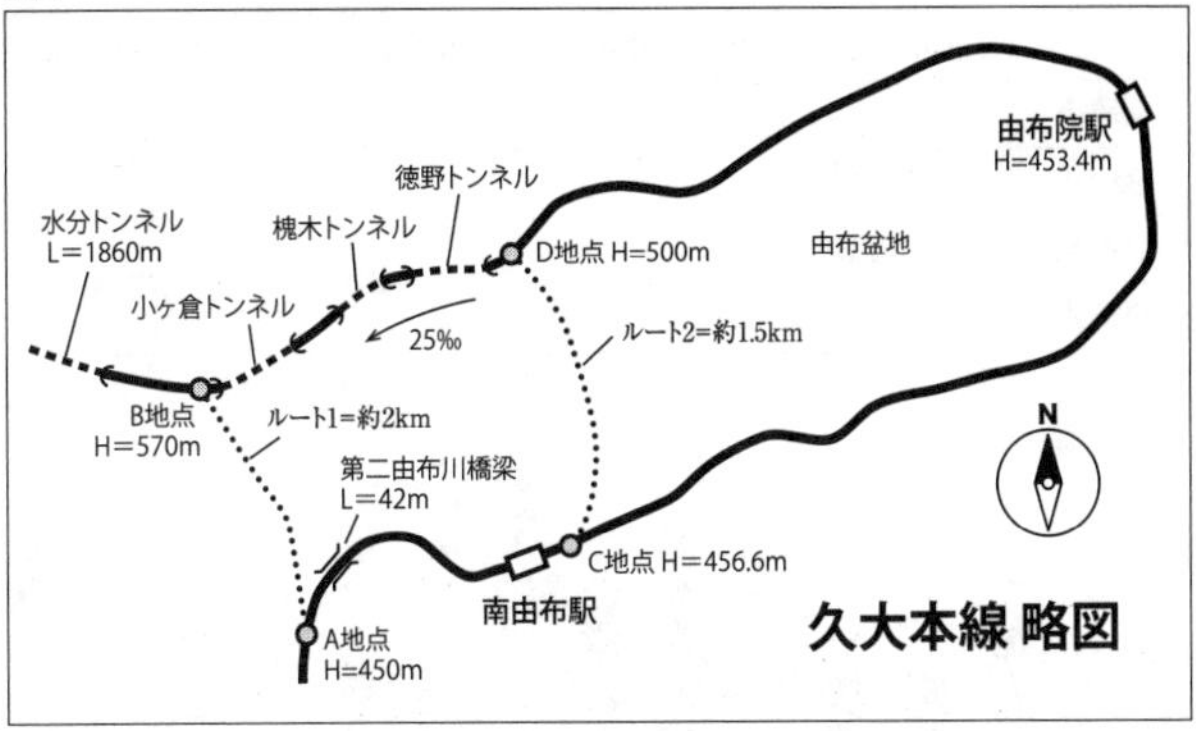

ばかりだろうか。

一六曲がりを検証する

大分から延びてきた久大本線は、その後西へ延伸する。由布院の西には、久大本線最高地点の水分峠が待ち構えている。文字どおり分水嶺のポイントで、長さ１８６０ｍの水分トンネル内に標高６０７・２ｍのサミットがある。

現在の久大本線は由布院から３㎞ほど野矢へ進んだ徳野トンネル付近から、サミットに向けて25‰の急勾配が約４㎞続いている。由布院へ迂回せず、南由布駅付近から直線的に線路を延ばし、由布院〜野矢間の線路と繋げようとすれば相当な急勾配になっただろう。その場合を想定したルートを地図に描い

表1

	標高（m）	地点間距離（km）	標高差（m）	平均勾配（‰）
A地点	450	2	120	60
B地点	570			
C地点	456.6	1.5	44	29.3
D地点	500			

てみた（**図1**）。

ルート1は第二由布川橋梁手前のA地点から、上津々良川沿いに延ばしてB地点へ繋ぐルート。ルート2は南由布駅（C地点）から福万川に沿って、D地点を結ぶルートだ。ルート1が実現可能だと思われる最短ルートとなるが、より現実的なルート2も加えてみた。また、地点の標高とA～B間、C～D間の標高差を**表1**に表してみる。

非常に大まかな計算ではあるが、ルート1は平均60‰で、旧信越本線の碓氷峠越えと同程度の急勾配になる。ルート2でも平均30‰というかなりの急勾配だ。

蒸気機関車けん引の時代、このような険しい急勾配は運行が難しい。距離は延びても由布院の中心地を通した方が良いと判断されたのだろう。

久大本線の一六曲がりは、大カーブによる迂回で勾配を緩和する目的も兼ね備えていたのではないだろうか。

久大本線は民営の大湯《だいとう》鉄道が、大分から小野屋まで敷設したのが始まりだ。軽便鉄道としてスタートし、国有化後に九州横断路線へ昇格した同線の歴史を辿ってみようと思う。

久大本線の先鞭を築いた軽便・大湯鉄道

久大本線は九州を横断し脊梁山脈を越える。前述の通り水分峠が最高地点となる。鉄道開通より以前、この峠に「佐賀県道」と呼ばれる道路が開通したのが明治28年（1895）のこと。現在の国道210号にあたるこの道路に、大分と日田の間で旅客を運ぶ客馬車（乗合馬車）が登場し往来が盛んになった。「一日に約四十台以上の客馬車が走っていて、鉄道敷設の要望が高まっていた」（『玖珠町史』より）。

佐賀県道が開通したのと同じ頃、日田町（現・日田市）の千原藤一郎、大倉伊平次らが中心となり、西海鉄道が計画された。

熊本県隈府《わいふ》町（現・菊池市）から小国町、森町（現・玖珠町）を経て、大分町（現・大分市）を結ぶルートで、現在の久大本線と一部重なっているが、これは実現しなかった。

明治44年（1911）11月、官営鉄道豊州《ほうしゅう》本線（現・日豊本線）が大分まで開通。翌年、

左手の小径が大湯鉄道の敷いた線路跡

大分駅から温泉のある湯平までを結ぶ大湯鉄道が免許申請された。湯平温泉は効能が高いと評判で、当時から湯治場として栄えていた。

民間による地方鉄道敷設を国があと押しする目的で、明治43年（1910）に公布された軽便鉄道法。また翌年公布の軽便鉄道補助法により、全国で軽便鉄道敷設ブームが起きていた。

大湯鉄道も軽便鉄道の規格で申請されたが、軌間は官営鉄道と同じ1067㎜だった。大正元年（1912）11月に免許が下り、大正2年（1913）8月に大湯鉄道株式会社が、資本金40万円で創立し許認可を受けた。大湯鉄道は、大分駅の北東に隣接する大分市駅を起点に、途中の小野屋まで21・9㎞を第一期線として、大正3年（1914）11月に着工。約1年後の大正4

年（1915）12月に開通した。

発起人の立川甬《たつかわとおる》は湯布院町の出身。町誌『湯布院』では立川を「大志を抱いて単身上京し、（中略）雨宮敬次郎の書生になった。勉学に励み、雨宮氏の信頼を得て米国に派遣されて土木学を習得し、日本の鉄道建設を手掛けた人物である。彼は、かねてより自分の郷里に鉄道を敷設したいという願望を抱いていたが、それを郷里の同志に伝え、同意を得て建設にとりかかった」と紹介している。

大湯鉄道に導入された蒸気機関車2両と客車10両は、関東地方を走る東武鉄道からの払い下げで、機関士なども東武鉄道から雇い入れたという。立川は明治28年（1895）頃、東武鉄道の創立事務に関わっていた。また、雨宮と同じ甲州財閥で、当時の東武鉄道社長・根津嘉一郎が大湯鉄道の取締役に名を連ねており、車両導入や乗務員雇用にまつわる一連の経緯には興味深いものがある。

国有化を経て九州横断線として延伸

開業した大湯鉄道は、次に温泉場の湯平へ延びるはずだったが、経営は芳しくなかった。

しかし、大分と久留米を結ぶ九州横断鉄道の構想は、大湯鉄道の敷設と並行して進められていた。

明治39年（１９０６）、玖珠郡会議長の麻生観八が、久留米～大分間の鉄道建設促進の郡議をまとめ大分県に請願。県議会では同鉄道の必要性を当局大臣へ請願する建議案を満場一致で可決。大正元年10月には「九州中央鉄道敷設速成の儀」の名称で政府に請願が出された。

請願がすぐに叶うことはなかったが、沿線の各村町により鉄道院総裁や貴族・衆議両院へ陳情が重ねられた結果、大正8年（１９１９）頃に可決された。

「久留米～大分間、鉄道延長八五哩、建造費一四九一万二千円で、八年度着手。一六年度完成案が議会を通過して建設線の名称が決定したのが五月一日で久留米～大分間を「久大線」とした」（『玖珠町史』より）。中間の天ケ瀬駅を境に、久留米方が久大西線、大分側が久大東線と呼ばれるようになった。

ルートが重なる大湯鉄道は、大正11年（１９２２）12月1日、国に買収され鉄道省大湯線となった。小野屋以西の新設工事とともに一部の軌道を敷き直し、軽便の細いレールをすべて取り替える工事が行われた。

九大東線は大正12年（1923）9月に小野屋～湯平が、続いて湯平～北由布（現・由布院）間が大正14年7月に開通した。

本多静六が遺した由布院の町づくり

久大東線が由布院に達する少し前の大正13年（1924）、日本最初の林学者である本多静六が由布院で講演を行っている。本多静六は23歳でドイツに官費留学、帰国後は東京の日比谷公園をはじめ、北は北海道の大沼公園から南は福岡の大濠公園まで、全国各地の公園の設計に携わり「日本の公園の父」とも呼ばれている。由布院の先人たちは、本多の講話内容を『由布院温泉発展策』にまとめた。「町中が公園のようであればいい」などの言葉は、その後の町づくりの礎となったという。

本多は日本鉄道北部区間（現・青い森鉄道）の地吹雪対策として、沿線に吹雪防止林を植えることを渋沢栄一に進言、嘱託され実現させた人物でもある。本多が由布院に招かれた時期は、由布盆地へ大カーブで引き入れた鉄道が開通する直前のタイミングだった。それを考えると、由布院の先人たちは、鉄道を誘致するだけでなく、開通後の町づくりを考

建築家・磯崎新設計の由布院駅舎は平成3年の竣工

えようとしていたのではないかと想像する。

由布院へ鉄道が開通した4カ月後の大正14年11月、久大線最大の難工事だった水分トンネルが貫通し、線路は野矢まで延伸した。その後も工事が進められ、昭和8年に天ケ瀬まで開通している。

一方久留米方面から東進する久大西線は、昭和9年11月に最後の区間となる日田～天ケ瀬間が開通し、久大線が全通した。

明治時代に西海鉄道の名称で計画され、ルートの一部を実現した宮原《みやのはる》線（昭和59年廃止）が、昭和12年6月に久大線の恵良から宝泉寺まで部分開業。これを受けて、路線名は久大本線となって今日に至っている。

コラム

東海道新幹線の急カーブ

弾丸列車構想から受け継がれたカーブ規定

新幹線に急カーブ？　と思われるかも知れないが、カーブは列車の最高速度を制限する要因となる。高速運転する新幹線にとって、線路はなるべく直線であることが望ましい。しかし地形が複雑な日本においては、カーブの設置は不可避である。

昭和39年に東京～新大阪間で開業した東海道新幹線。そのルーツは戦前の弾丸列車構想にある。昭和13年、鉄道省の内部に幹線調査分科会を設置。識者などが答申書を作成し、これをもとに、昭和15年９月に弾丸列車の建設基準の概要が決定された。

１．東京～下関間約１０００㎞を９時間で走る。２．軌間は１４３５㎜とする。３．半径曲線は２５００ｍ以上とする。４．勾配は上り10／１０００、下り12／１０００。５．軌条は60㎏／ｍ。６．主要道路は立体交差とする。７．さしあたり東京～静岡は電気運転、それ以遠は蒸機運転とするが、将来は全線電気運転とする。

カーブの基準が半径２５００ｍ以上とある。数字を見るととても緩いカーブに思えるが、高速運転の新幹線で、後々ネックになってくる数字なのだ。

測量は昭和13〜15年にかけて行われ、用地買収を開始、新丹那トンネル、日本坂トンネルなどは実際に着工された。時は戦時下であり、その後戦況の悪化により工事は次第に鈍化。昭和19年度の予算に工費は計上されず、敗戦の混乱に紛れるように頓挫してしまう。

弾丸列車構想が再び浮上したのは、戦後復興から経済成長期に入る頃。東海道本線の輸送量は逼迫の状況にあった。自動車道や航空路線発達への期待度が増すなか、世論の国鉄に対する風当たりも厳しく、鉄道斜陽化までも論じられてしまう。しかし世の中の好景気によって、大動脈である東海道本線の需要が大幅に伸びた。需要の高さと並行して、線路の行き詰まりは極限に達した。

国鉄では昭和31年から、東海道本線の問題に対する取り組みを開始。昭和32年11月、「東海道に新規別線を建設する必要があり、かつ輸送の行き詰まりの時期と建設に必要な期間を考慮するとき、この着手は緊急のことである」との第一次答申を提出した。

また、分科会報告として、昭和33年3月「新規路線は広軌別線案が妥当である」とされた。同年4月には国鉄の島秀雄技師長を委員長とする「新幹線建設基準調査委員会」を設置。昭和33年12月、東海道新幹線建設が閣議決定された。

昭和34年2月に、調査委員会より出された中間報告書には、「本線の曲線半径2500m以上」が

品川付近のR400で減速する500系のぞみ（平成22年）

明記されている。戦前に弾丸列車として構想された時の基準が、そのまま受け継がれたのだ。

同年４月に起工。昭和39年７月に東京～新大阪間の線路が締結し、同年10月１日に開業した。

東海道新幹線の最高速度は時速２１０㎞だったが、昭和60年に誕生した１００系電車で２２０㎞へ、また平成４年３月に登場した３００系電車「のぞみ」の運転開始により時速２７０㎞へスピードアップした。その後投入された５００系、７００系、Ｎ７００系も２７０㎞のままだったが、近年増備されたＮ７００Ａ、Ｎ７００Ｓでは車体傾斜システムの向上により、最高時速が２８５㎞へアップしている。

ところで、この場合の最高速度は直線や半径の大きなカーブでの規則で、東海道新幹線の各所に

点在するR2500はスピードアップのネックに

点在するR2500のカーブでは、時速255㎞に制限されていた。車体傾斜システムを搭載したN700系から以降の車両は270㎞で通過可能となったのだが、弾丸列車構想で決定した曲線の規定が長く影響をおよぼしたのだ。昭和47年3月開通の山陽新幹線以降、カーブ半径は4000m以上へ変更されている。

もう一つの急カーブ

『東海道新幹線 運転席へようこそ』の著者で元運転士のにわあつし氏は、これとは別に「時速90㎞の制限がかかる急なカーブがある」と話す。そのカーブは上り列車を運転すると、品川駅の手前にあり、ブレーキに気を使うのだとか。

横須賀線や湘南新宿ラインが走る、通称「品鶴

にわさん所有の制帽と昭和63年の運転用路線図

線」（東海道本線の貨物別線）と並んで多摩川橋梁を渡ると、やがて品鶴線の真上に建設された「直上高架」の区間へ入る。大崎に林立する高層ビルが近づいて来る頃、列車は速度を落として右にカーブする。これがにわさんの言う時速90㎞の速度制限だ。湘南新宿ラインの通る山手貨物線の支線を乗り越えれば、今度は左カーブ。このS字カーブはR400という、新幹線ではかなりの急カーブである。

新幹線建設の際、東京都下の駅の設置場所について、いくつか候補地があったという。東京駅のほか、市ケ谷（米国施設跡）、原宿、代官山、新宿（淀橋浄水場跡もしくは西口広場）、品川、汐留、皇居前広場などの計9カ所だ。

しかし、国鉄駅との距離が離れていたり、地質不良が確認されたりして、結果的に既存の東京駅に併設することに決定。東京都内は人家が密集し、用地買収もままならない。新幹線は在来線をなぞるように敷かれ、制限速度時速90㎞の急カーブが誕生したのだ。

主な参考文献

『塩狩峠』三浦綾子　新潮社
『名寄市史』名寄市
『音威子府村史』音威子府村
『新留辺蘂町史』留辺蘂町
『郡山市史』郡山市
『猪苗代町史』猪苗代町史出版委員会
『磐梯町史』磐梯町
『河東町史』河東町教育委員会
『会津若松史』会津若松市
『喜多方市史』福島県喜多方市
『のんびり行く　磐越西線の旅』
　水谷暢男　歴史春秋出版株式会社
『土木学会誌』土木学会
『町誌みなかみ』町誌みなかみ編纂委員会
『湯沢町史』湯沢町教育委員会
『南海電気鉄道百年史』南海電気鉄道株式会社
『橋本市史』橋本市役所
『高野口町誌』高野口町教育委員会
『三間町誌』三間町
『広見町誌』広見町
『宇和島市誌』宇和島市
『東京地下鉄道史・乾』東京地下鐵道株式会社
『東京地下鉄道史・坤』東京地下鐵道株式会社
『藤沢市史』藤沢市役所
『江ノ電の１００年』江ノ島電鉄株式会社
『新修大津市史』大津市役所
『京阪百年のあゆみ』京阪電気鉄道株式会社
『歴史でめぐる鉄道全路線』（各号）朝日新聞出版
『三島市誌』三島市
『韮山町史』韮山町史刊行委員会
『伊豆長岡町史』伊豆長岡町教育委員会
『大間々町誌』大間々町誌発行委員会
『富沢町誌』富沢町
『下部町史』下部町

主な参考文献

『身延町史』身延町役場
『飯田・上飯田の歴史』飯田市教育委員会
『駒ヶ根史誌』駒ヶ根史誌刊行会
『箕輪町誌』箕輪町郷土博物館
『上伊那誌』上伊那誌刊行会
『宇奈月町史』宇奈月町役場
『岩手県史』岩手県
『大東町史』大東町
『千厩町史』千厩町
『室根村史』室根村
『鎌ケ谷市史』鎌ケ谷市
『鎌ケ谷市史研究』鎌ケ谷市教育委員会
『習志野市史』習志野市役所
『ちばの鉄道一世紀』白土貞夫　崙書房
『岡谷市史』岡谷市
『辰野町誌』辰野町誌刊行委員会
『塩尻市史』塩尻市
『土木建築工事画報』工事画報社
『鉄道林－鉄道林１００周年記念写真集』
　東日本旅客鉄道株式会社
『町誌 湯布院』湯布院町誌刊行期成会
『九重町誌』九重町
『玖珠町史』玖珠町教育委員会
『大分の鉄道』株式会社ＯＡＫ
『建設者』昭和39年9月号臨時増刊
『ＪＲ時刻表』各号　交通新聞社
『時刻表』各号　ＪＴＢパブリッシング
『日本鉄道名所』（1～8巻）解説：吉江一雄　小学館
『鉄道運輸年表』ＪＴＢ『旅』１９９９年1月号別冊付録
『鉄道廃線跡を歩く』宮脇俊三　ＪＴＢキャンブックス
『地形で読み解く鉄道路線の謎』
　竹内正浩　ＪＴＢパブリッシング
『新幹線はすごい』斉木実　ベスト新書
『東海道新幹線運転席へようこそ』にわあつし　新潮社

取材協力（Special Thanks）：
　行定正彰（弓滝神社）、高草木裕子、にわあつし

おわりに

勾配と曲線（カーブ）は鉄道旅の醍醐味だと思う。峠越えや地勢の険しい区間では、前面展望が可能な先頭車両の窓にかぶりつきたくなる（もちろん運転のじゃまにならないように……）。注目するのは、アップダウンやカーブする線路の形状に加え、勾配やカーブ半径を表す線路諸標（標識）だ。

勾配標は25‰の数字を超えると「おっ！」と思うし、カーブは半径３００ｍの数字を割り込むと「えっ！」となる。急勾配と急カーブは、鉄のレール上を鉄の車輪で走るという、鉄道の苦手とするシチュエーション。それをどんなふうに走り、越えてゆくのかが楽しいのだ。知識として数字が加わることで、よりいっそう楽しみが増してくる。

本書は交通新聞社の旅行雑誌、月刊『旅の手帖』で２０１７年11月号から連載開始した「鉄道時間旅行」の中から、特徴的なカーブが存在する路線をピックアップしている。テーマを提案してくれた、担当編集者の岡本史也さんに感謝である。

「峠越えなど、急勾配のある路線は話題になるが、急カーブの理由についてまとまった本は読んだことがないなぁ」と思い、連載で執筆した原文に加筆修正することで、一冊の本にまとめられると思った。

しかし、書き始めようと資料にあたるも、トンネルや橋梁についての記述は多いが、カーブの理由についての記述はあまりに乏しかった。連載では主に郷土史誌を参考資料としてきたが、カーブ誕生の理由については見当たらない……。

そんな中、大いに役に立ったのが『日本鉄道名所』（小学館）という本。昭和61年8月発刊の東海道線から、翌年の4月の首都圏各線まで地域別に8冊が発刊された、判型A5判の書籍である。

この本の大きな特徴は、当時の国鉄路線の「線路縦断面図」を網羅していること。線路縦断面図には、勾配、曲線の大きさ、トンネル、橋梁の名称と長さ、駅の名称とキロ程、標高などが記載されている。後に廃止になったローカル線もあり、今ではたいへん貴重な資料といえるのだ。

本書のなかで、カーブ半径、勾配の大きさ、トンネルの長さ、駅の標高などのデータを扱っているが、そのほとんどが『日本鉄道名所』を参考に書いたものだ。

しかし、発刊されてから35年以上も経過している。実際に現地で確認したところ、カーブ半径などの数字が若干変わっている場所もあった。線路の高速化工事などで、カーブを変更したのかも知れない。現地で変化を確認できた場合はもちろん、ＹｏｕＴｕｂｅの前面展望動画で確認できた場合も、修正して記載していることをご了承願いたい。

コロナ禍の影響で、日本各地のローカル線が窮地に追い込まれようとしている。先人たちが苦労を重ね、工夫して敷設した鉄道を捨てることなく、活用の道へ光が当てられることを願って止まない。

令和４年７月　米屋こうじ

米屋こうじ（よねや こうじ）
1968年、山形県天童市生まれの鉄道写真家。旅情、そして人の生活の中にある鉄道風景を求め、日本と世界を旅する。著書に『ひとたび てつたび』（ころから）、『鉄道路線誕生秘話』（交通新聞社）、『旅する鉄道写真』（天夢人）など。

交通新聞社新書163
すべてのカーブにはわけがある
曲がる線路の物語
（定価はカバーに表示してあります）

2022年8月19日　第1刷発行

著　者——米屋こうじ
発行人——伊藤嘉道
発行所——株式会社交通新聞社
https://www.kotsu.co.jp/
〒101-0062　東京都千代田区神田駿河台2-3-11
電話　(03) 6831-6560（編集）
(03) 6831-6622（販売）

カバーデザイン—アルビレオ
印刷・製本—大日本印刷株式会社

ISBN978-4-330-05422-3